Nuova collana a cura di Eduardo Rescigno

Giuseppe Verdi

Ernani

Dramma lirico in quattro parti

di

Francesco Maria Piave

Testi a cura di Eduardo Rescigno

Avvertenza. Ripubblichiamo qui senza varianti, se non di ordine tipografico, il libretto stampato in occasione della prima rappresentazione dell'opera al Teatro La Fenice di Venezia il 9 marzo 1844 ("ERNANI / Dramma Lirico / in quattro parti / versi / di Francesco Maria Piave / musica del maestro / Giuseppe Verdi / da rappresentarsi / nel Gran Teatro La Fenice / nel Carnovale e Quadragesima / 1843-44. / [fregio] / Venezia / dalla Tipografia di Giuseppe Molinari / In Rugagiuffa San Zaccaria N. 1879."). Le più significative varianti fra il libretto e la partitura autografa sono segnalate nelle note al libretto, sulla base dell'edizione critica della partitura a cura di Claudio Gallico (The University of Chicago Press, Chicago and London – Ricordi, Milano, 1985-86). I riferimenti alla fonte del libretto, la tragedia in versi in cinque atti **Hernani** di Victor Hugo (Parigi, Comédie, 25 febbraio 1830), sono basati sulla traduzione italiana utilizzata da Verdi e Piave ("Ernani o L'onore castigliano, dramma tragico di Vittore Ugo recato in versi italiani da Francesco Silvola, Milano, dalla Tip. Motta ora di M. Carrara, 1832"), con indicazione dell'atto e della scena.

135231
ISBN 88-7592-081-8

RISTAMPA 2000

Indice

Il compositore   pag.   6

Cronologia delle opere di Verdi   pag.   9

Il librettista   pag. 17

L'opera   pag. 19

Il riassunto del libretto   pag. 24

Il libretto   pag. 27

Il compositore

Giuseppe Verdi nasce il 10 ottobre 1813 alle Roncole di Busseto (Parma). L'istruzione elementare la riceve dal parroco delle Roncole, don Pietro Baistrocchi, che gli insegna anche a suonare l'organo, tanto che potrà esercitare ben presto le funzioni di organista; dal 1824 frequenta a Busseto il ginnasio diretto da don Pietro Seletti, e prende lezioni di musica da Ferdinando Provesi, maestro di cappella e organista, nonché direttore della scuola di musica. Incomincia a scrivere pezzi per banda e a dare lezioni, e con l'aiuto di un ricco commerciante di coloniali di Busseto, Antonio Barezzi, nel 1832 si trasferisce a Milano, dove vorrebbe entrare nel Conservatorio. Ma il regolamento gli è contrario e la domanda viene respinta; diventa quindi allievo privato dell'operista Vincenzo Lavigna, maestro al cembalo del Teatro alla Scala. Nel 1836 torna a Busseto, dove viene nominato maestro di musica del Comune, e sposa Margherita Barezzi, dalla quale avrà due figli (moglie e figli moriranno fra il 1838 e il 1840).

Al principio del 1839 si stabilisce a Milano, e alla fine di quello stesso anno esordisce felicemente sulle scene della Scala con la sua prima opera, *Oberto conte di S. Bonifacio*. Dopo un passo falso nel genere comico (*Un giorno di regno*, 1840), si impone definitivamente al pubblico milanese con *Nabucco* (1842) e *I Lombardi alla prima Crociata* (1843), in cui delinea un tipo di opera corale di grande momento nella Lombardia prequarantottesca. Con la quinta opera destinata alla Fenice di Venezia, *Ernani* (1844), afferma una nuova concezione teatrale, un teatro che vede l'uomo in lotta contro gli avvenimenti, nella cornice di un dramma scolpito con l'immediatezza plastica della melodia, con il ritmo scandito da un'orchestra essenziale. Questo modello di teatro viene costruito pezzo per pezzo nel corso di quelli che Verdi stesso chiamerà gli "anni di galera": anni di lavoro duro, alla ricerca del successo nei maggiori teatri d'Italia, ma anche alla ricerca delle condizioni per realizzazioni sempre più accurate, non solo a livello creativo, ma anche per quanto riguarda la scelta dei cantanti, gli allestimenti, l'esecuzione. Nel 1846 una grave malattia rallenta l'attività, e permette un più meditato contatto con un soggetto shakespeariano, il *Macbeth* (1847) destinato alla Pergola di Firenze. Ma il lavoro riprende intensissimo, e nello stesso 1847 Verdi affronta due importanti palcoscenici esteri: il Her Majesty's di Londra con *I Masnadieri*, e l'Opéra di Parigi con *Jérusalem*, adattamento francese dei *Lombardi*.

Sul finire del 1847 si è stabilito a Parigi, con Giuseppina Strepponi (che sposerà nel 1859), e l'anno seguente acquista la proprietà di Sant'Agata presso Busseto; e a Busseto si stabilirà nell'estate del 1849. La produzione operistica è sempre molto intensa, destinata ai teatri di Napoli, Roma, Trieste. Nel 1851 torna alla Fenice di Venezia con *Rigoletto*, e nel 1853, a pochi mesi uno dall'altro, *Il Trovatore* al Teatro Apollo di Roma e *La Traviata* alla Fenice di Venezia concludono un periodo di intensissima attività. Sul finire dello stesso anno, Verdi e la Strepponi si stabiliscono nuovamente a Parigi.

Più il teatro verdiano diventa popolare ed eccita l'entusiasmo, più il suo creatore sembra nascondersi in un riserbo che è sempre più geloso, soprattutto a partire dalla metà del secolo; nello stesso tempo, la sua creazione si fa più lenta, più meditata, e il compositore dedica cure particolari alle nuove opere, sia dal punto di vista librettistico che da quello scenico e registico. Il risultato di questa nuova visione del mestiere teatrale è evidente nel diminuito numero di nuove opere, ma soprattutto nell'allargata visione drammaturgica che ora accoglie anche nuovi spunti di comicità o di ironia, nel confluire di molteplici interessi culturali, e nell'elaborazione di una scrittura duttile e sfumata che non ha però perso in spontaneità e immediatezza. Per l'Opéra di Parigi scrive *Les Vêpres Siciliennes* (1855), per la Fenice di Venezia il *Simon Boccanegra* (1857) e per il Teatro Nuovo di Rimini l'*Aroldo* (1857), rifacimento di un'opera precedente, *Stiffelio* (1850). Lasciata definitivamente Parigi, Verdi e la moglie vivono ora stabilmente nella villa di Sant'Agata, e trascorrono l'inverno a Genova. Nel 1860 Verdi è nella lista dei liberali moderati di Borgo

San Donnino (ora Fidenza), e viene eletto deputato: parteciperà alle sedute della Camera, a Torino, anche per una diretta sollecitazione di Cavour; ma nel 1863 abbandonerà l'attività parlamentare. Alcune delle nuove opere di questi anni gli vengono commissionate da teatri esteri, come *La forza del destino* (1862) per il Teatro Imperiale di Pietroburgo, il rifacimento del *Macbeth* (1865) per il Théâtre Lyrique di Parigi, il *Don Carlos* (1867) per l'Opéra di Parigi. Nel 1869, con una edizione riveduta della *Forza del destino*, riprende la collaborazione con la Scala, interrotta fin dal lontano 1845. Il 1871 è l'anno di *Aida*, che va in scena al Cairo in una cornice molto fastosa e mondana, alla presenza di molti principi regnanti; manca però Verdi, già alle prese con la prima italiana, che gli sta molto più a cuore, destinata alla Scala (1872).

Nel 1873 compone il *Quartetto* per archi, e nel 1874 viene eseguita la sua *Messa di Requiem* nel primo anniversario della morte di Manzoni; nello stesso anno Verdi viene nominato senatore. Nel 1881 presenta alla Scala un rifacimento del *Simon Boccanegra*, che segna l'inizio della collaborazione con lo scrittore Arrigo Boito, su un libretto del quale ha già cominciato a scrivere *Otello*, che vedrà la luce nello stesso teatro nel 1887. Nel 1889 acquista un terreno alla periferia di Milano, dove fa costruire dall'architetto Camillo Boito la Casa di Riposo per Musicisti, che doterà di un cospicuo lascito. Nel 1893, sempre alla Scala, prima rappresentazione del *Falstaff*. Nel 1897 gli muore la moglie e nello stesso anno compone lo *Stabat Mater*, che conclude la serie dei "Quattro pezzi sacri", comprendenti le *Laudi alla Vergine Maria* (1886), l'*Ave Maria* (1889) e il *Te Deum* (1895). Nel dicembre del 1900 si stabilisce a Milano, all'Hôtel Milan, dove muore il 27 gennaio 1901.

Cronologia delle opere di Verdi

1. Oberto conte di San Bonifacio

Dramma in due atti, libretto di Antonio Piazza adattato da Temistocle Solera (in origine si trattava probabilmente di un libretto intitolato *Rochester* o *Lord Hamilton*, per il quale Verdi compose la musica nel 1836, riutilizzata poi per l'*Oberto*).
I rappresentazione: Milano, Teatro alla Scala, 17 novembre 1839.

2. Un giorno di regno (ossia *Il finto Stanislao*)

Melodramma giocoso in due atti, libretto di Felice Romani, tratto dalla commedia *Le faux Stanislas* di Alexandre Pineux-Duval, libretto scritto per Adalbert Gyrowetz (1818) col titolo *Il finto Stanislao*, adattato con alcuni tagli.
I rappresentazione: Milano, Teatro alla Scala, 5 settembre 1840.

3. Nabucodonosor (Nabucco)

Dramma lirico in quattro parti, libretto di Temistocle Solera, tratto dal dramma *Nabuchodonosor* (1836) di Auguste Anicet-Bourgeois e Francis Cornu.
I rappresentazione: Milano, Teatro alla Scala, 9 marzo 1842.

4. I Lombardi alla prima Crociata

Dramma lirico in quattro atti, libretto di Temistocle Solera, tratto dal poema omonimo (1826) di Tommaso Grossi.
I rappresentazione: Milano, Teatro alla Scala, 11 febbraio 1843.

5. Ernani

Dramma lirico in quattro parti, libretto di Francesco Maria Piave, tratto dal dramma *Hernani* (1830) di Victor Hugo.
I rappresentazione: Venezia, Teatro La Fenice, 9 marzo 1844.
  Ernani: Carlo Guasco, tenore
  Don Carlo: Antonio Superchi, baritono
  Don Ruy Gomez De Silva: Antonio Selva, basso
  Elvira: Sofia Loewe, soprano
  Giovanna: Laura Saini, soprano
  Don Riccardo: Giovanni Lanner, basso
  Jago: Andrea Bellini, basso
  Primo violino e Direttore d'orchestra: Gaetano Mares
  Maestro al cembalo: Luigi Carcano
  Scene: Francesco Bagnara

6. I due Foscari

Tragedia lirica in tre atti, libretto di Francesco Maria Piave, tratto dal poema *The Two Foscari* (1821) di George Gordon Byron.
I rappresentazione: Roma, Teatro Argentina, 3 novembre 1844.

7. Giovanna d'Arco

Dramma lirico in un prologo e tre atti, libretto di Temistocle Solera, tratto dalla tragedia *Die Jungfrau von Orleans* (1801) di Friedrich Schiller.
I rappresentazione: Milano, Teatro alla Scala, 15 febbraio 1845.

8. Alzira

Tragedia lirica in un prologo e due atti, libretto di Salvatore Cammarano, tratto dalla tragedia *Alzire* (1736) di Voltaire.
I rappresentazione: Napoli, Teatro San Carlo, 12 agosto 1845.

9. Attila

Dramma lirico in un prologo e tre atti, libretto di Temistocle
Solera con aggiunte e modifiche di Francesco Maria Piave, tratto
dalla tragedia *Attila, König der Hunnen* (1808) di Zacharias
Werner.
I rappresentazione: Venezia, Teatro La Fenice, 17 marzo 1846.

10. Macbeth

Melodramma in quattro atti, libretto di Francesco Maria Piave,
con interventi di Andrea Maffei, tratto dalla tragedia *Macbeth*
(1605-06) di William Shakespeare.
I rappresentazione: Firenze, Teatro La Pergola, 14 marzo 1847.

11. I Masnadieri

Melodramma in quattro parti, libretto di Andrea Maffei, tratto dal
dramma *Die Räuber* (1781) di Friedrich Schiller.
I rappresentazione: Londra, Her Majesty's Theatre, 22 luglio
1847.

12. Jérusalem

Rifacimento francese di *I Lombardi alla prima Crociata* (1843).
Opera in quattro atti, libretto di Alphonse Royer e Gustave Vaëz.
I rappresentazione: Parigi, Opéra, 26 novembre 1847.
I rappresentazione italiana (*Gerusalemme*, libretto tradotto da
Calisto Bassi): Milano, Teatro alla Scala, 26 dicembre 1850.

13. Il Corsaro

Melodramma in tre atti, libretto di Francesco Maria Piave, tratto
dal poema *The Corsair* (1814) di George Gordon Byron.
I rappresentazione: Trieste, Teatro Grande, 25 ottobre 1848.

14. La battaglia di Legnano

Tragedia lirica in quattro atti, libretto di Salvatore Cammarano, tratto dal dramma *La bataille de Toulouse* di Joseph Méry.
I rappresentazione: Roma, Teatro Argentina, 27 gennaio 1849.

15. Luisa Miller

Melodramma tragico in tre atti, libretto di Salvatore Cammarano, tratto dalla tragedia *Kabale und Liebe* (1784) di Friedrich Schiller.
I rappresentazione: Napoli, Teatro San Carlo, 8 dicembre 1849.

16. Stiffelio

Melodramma in tre atti, libretto di Francesco Maria Piave, tratto dal dramma *Le Pasteur, ou l'Evangile et le Foyer* (1848) di Emile Souvestre ed Eugène Bourgeois.
I rappresentazione: Trieste, Teatro Grande, 16 novembre 1850.

17. Rigoletto

Melodramma in tre atti, libretto di Francesco Maria Piave, tratto dal dramma *Le Roi s'amuse* (1832) di Victor Hugo.
I rappresentazione: Venezia, Teatro La Fenice, 11 marzo 1851.

18. Il Trovatore

Dramma in quattro parti, libretto di Salvatore Cammarano, completato da Leone Emanuele Bardare, tratto dal dramma *El Trovador* (1836) di Antonio Garcia Gutiérrez.
I rappresentazione: Roma, Teatro Apollo, 19 gennaio 1853.

19. La Traviata

Melodramma in tre atti, libretto di Francesco Maria Piave, tratto dal dramma *La Dame aux camélias* (1852) di Alexandre Dumas fils.
I rappresentazione: Venezia, Teatro La Fenice, 6 marzo 1853.

20. Les Vêpres Siciliennes

Opera in cinque atti, libretto di Eugène Scribe e Charles Duvéyrier, tratta dal libretto *Le Duc d'Albe* (1839) di Eugène Scribe, scritto per Gaetano Donizetti.
I rappresentazione: Parigi, Opéra, 13 giugno 1855.
I rappresentazione italiana (col titolo *Giovanna de Guzman*, libretto tradotto da Arnaldo Fusinato): Parma, Teatro Ducale, 26 dicembre 1855.

21. Simon Boccanegra

Melodramma in un prologo e tre atti, libretto di Francesco Maria Piave, con interventi di Giuseppe Montanelli, tratto dal dramma *Simon Bocanegra* (1843) di Antonio Garcia Gutiérrez.
I rappresentazione: Venezia, Teatro La Fenice, 12 marzo 1857.

22. Aroldo

Rifacimento dello *Stiffelio* (1850).
Melodramma in quattro atti, libretto di Francesco Maria Piave.
I rappresentazione: Rimini, Teatro Nuovo, 16 agosto 1857.

23. Un ballo in maschera

Melodramma in tre atti, libretto di Antonio Somma, tratto dal libretto *Gustave III, ou Le Bal masqué* (1833) di Eugène Scribe, scritto per Daniel Auber.
I rappresentazione: Roma, Teatro Apollo, 17 febbraio 1859.

24. La forza del destino

Melodramma in quattro atti, libretto di Francesco Maria Piave, tratto dal *Don Alvaro, o La fuerza del sino* (1835) di Angel de Saavedra, e dal dramma *Wallensteins Lager* (1796) di Friedrich Schiller.
I rappresentazione: Pietroburgo, Teatro Imperiale, 10 novembre 1862.

25. Macbeth

Rifacimento del *Macbeth* (1847).
Melodramma in quattro atti, libretto di Francesco Maria Piave e Andrea Maffei, tradotto in francese da Charles Louis Etienne Nuitter e Alexandre Beaumont.
I rappresentazione: Parigi, Théâtre Lyrique, 21 aprile 1865.
I rappresentazione italiana: Milano, Teatro alla Scala, 28 gennaio 1874.

26. Don Carlos

Opera in cinque atti, libretto di Joseph Méry e Camille Du Locle, tratto dalla tragedia *Don Carlos, Infant von Spanien* (1787) di Friedrich Schiller.
I rappresentazione: Parigi, Opéra, 11 marzo 1867.
I rappresentazione italiana (*Don Carlo*, libretto tradotto da Achille De Lauzières): Bologna, Teatro Comunale, 27 ottobre 1867.

27. La forza del destino

Nuova versione de *La forza del destino* (1862).
Opera in quattro atti, libretto di Francesco Maria Piave, con modifiche di Antonio Ghislanzoni.
I rappresentazione: Milano, Teatro alla Scala, 27 febbraio 1869.

28. Aida

Opera in quattro atti, libretto di Antonio Ghislanzoni, su un soggetto di Auguste Mariette elaborato da Camille Du Locle e Giuseppe Verdi.
I rappresentazione: Il Cairo, Teatro dell'Opera, 24 dicembre 1871.
I rappresentazione italiana: Milano, Teatro alla Scala, 8 febbraio 1872.

29. Simon Boccanegra

Rifacimento del *Simon Boccanegra* (1857).
Melodramma in un prologo e tre atti, libretto di Francesco Maria Piave con modifiche di Arrigo Boito.
I rappresentazione: Milano, Teatro alla Scala, 24 marzo 1881.

30. Don Carlo

Nuova versione del *Don Carlos* (1867).
Opera in quattro atti, libretto di Joseph Méry e Camille Du Locle, traduzione italiana di Achille De Lauzières e Angelo Zanardini.
I rappresentazione: Milano, Teatro alla Scala, 10 gennaio 1884.
Terza versione in cinque atti:
I rappresentazione: Modena, Teatro Comunale, dicembre 1886.

31. Otello

Dramma lirico in quattro atti, libretto di Arrigo Boito, tratto dalla tragedia *Othello* (1604-05) di William Shakespeare.
I rappresentazione: Milano, Teatro alla Scala, 5 febbraio 1887.

32. Falstaff

Commedia lirica in tre atti, libretto di Arrigo Boito, tratto dai drammi *The Merry Wives of Windsor* (1600-01) e *Henry IV* (1597-98) di William Shakespeare.
I rappresentazione: Milano, Teatro alla Scala, 9 febbraio 1893.

Il librettista

Francesco Maria Piave nasce a Murano il 18 maggio 1810, da una famiglia abbastanza agiata che da molte generazioni si interessava all'artigianato vetrario. Avviato dal padre alla carriera ecclesiastica, l'abbandona nel 1827, e poco dopo si trasferisce a Roma, a causa di difficoltà finanziarie della famiglia; qui si mantiene con modesti lavori editoriali (traduzione di Salmi, stesura di novelle, articoli giornalistici) e con la sua abilità di improvvisatore. Nel 1838, morto il padre, torna a Venezia, e si impiega come correttore di bozze nella tipografia Antonelli; nel frattempo traduce il *Compendio della Storia del Cristianesimo* dell'abate Berault-Bercastel, e si fa notare come improvvisatore di versi in dialetto veneziano.

Nel 1842 viene assunto come poeta del Teatro La Fenice, e inizia con un libretto scritto in collaborazione e destinato a Pacini, *Il Duca d'Alba*; poi, dal 1844, data del primo incontro con Verdi, la sua attività di librettista diventa intensissima. Scrive per Mercadante (*La schiava saracena*, 1848), ancora per Pacini (*Lorenzino de' Medici*, 1845; *Allan Cameron*, in un primo tempo scritto per Verdi, 1848; *Don Diego de Mendoza*, 1857; *Berta di Varnol*, 1867), per Federico Ricci (*Estella*, 1846; *Griselda*, 1847), e l'applauditissimo *Crispino e la comare* (1850) musicato da Federico e Luigi Ricci; altri libretti sono destinati a Braga, Cagnoni, Peri, Petroncini e altri ancora. E naturalmente Verdi, per il quale scrive dieci libretti nuovi, più un undicesimo di altro autore revisionato da lui, l'*Attila* (1846) di Temistocle Solera. I libretti nuovi sono l'*Ernani* (1844), *I due Foscari* (1844), *Macbeth* (1847), *Il Corsaro* (1848), lo *Stiffelio* (1850), il *Rigoletto* (1851), *La Traviata* (1853), il *Simon Boccanegra* (1857), l'*Aroldo* (1857) e *La forza del destino* (1869).

A fianco dell'attività di librettista, Piave svolge anche quella di direttore degli spettacoli, ne cura cioè la messa in scena, i movimenti dei cantanti e dei cori, la scelta dei costumi, delle scene e degli attrezzi di scena. Nel 1859 si trasferisce a Milano, dove svolge la stesso lavoro di librettista e direttore degli spettacoli per il Teatro alla Scala; carica che mantiene fino al 1867, quando, paralizzato da una grave malattia, deve abbandonare ogni attività. Trascorre gli ultimi anni in gravi difficoltà finanziarie, più volte aiutato da Verdi che, alla sua morte, avvenuta a Milano il 5 marzo 1876, si assume anche le spese dei funerali.

L'opera

Il 25 febbraio 1830, al teatro parigino della Comédie, va in scena il dramma in versi *Hernani* di Victor Hugo: è un successo tanto grandioso quanto contrastato, che, alla vigilia della rivoluzione del luglio 1830 che avrebbe posto fine alla Restaurazione Borbonica, segna la nascita del teatro romantico. Nella verseggiatura eloquente e nella dinamica e spettacolare concentrazione di eventi, tutti tesi a esaltare il dominio delle passioni sulla fredda ragione, e la ribellione degli oppressi contro gli oppressori, il testo di Victor Hugo pone in scena un bandito – che poi si rivela essere un nobile perseguitato – in lotta con il re Carlo V, per avere in qualche modo ragione di lui, e morire poi per mano di un altro nobile, per un oscuro quanto imprevedibile colpo di coda del destino.

In quel momento Verdi non ha ancora compiuto diciassette anni e sta per fidanzarsi con Margherita Barezzi. Due anni dopo, nel 1832, si trasferisce a Milano; e in quello stesso 1832 l'editore milanese Carrara pubblica una traduzione in versi dell'*Ernani*, curata da Francesco Silvola. Forse, proprio in quei primi giorni milanesi, il giovane musicista di Busseto legge il volumetto dell'*Ernani*, e ne deposita il ricordo in un angolo della memoria. Nascono poi le prime quattro opere verdiane, rappresentate in abbastanza rapida successione, fra il 17 novembre del 1839 (*Oberto conte di S. Bonifacio*) e l'11 febbraio del 1843 (*I Lombardi alla prima Crociata*), tutte destinate alla Scala.

Ma il grande successo del *Nabucco*, rappresentato per la prima volta il 9 marzo 1842, attira sul nome di Verdi l'attenzione di molti altri teatri. La Fenice di Venezia è in prima linea per conquistare il giovane operista, e fin dal maggio 1842 il conte Mocenigo, presidente del teatro veneziano, prende contatti per una nuova opera; ma per ora si giunge soltanto a un accordo sul *Nabucco*, che il 26 dicembre 1842 inaugura la Stagione di Carnevale, con un ottimo successo e ben 23 repliche.

L'anno seguente la trattativa riprende, e in marzo la Presidenza è ormai decisa a ottenere una nuova opera del giovane compositore, per un compenso di diecimila lire austriache (l'anno precedente gliene erano state offerte quattromila). Verdi in maggio accetta, ma ottiene dodicimila lire, con l'impegno di mettere in scena anche i *Lombardi*, e assumendo su di sé il compenso per il librettista. In giugno comincia la ricerca del soggetto e del librettista. Affiorano il *Re Lear*, poi due spunti byroniani, il *Corsaro* e la *Fidanzata d'Abido*; si fanno i nomi dei librettisti Cammarano, Solera, forse Andrea Maffei; Verdi sembra propendere per Domenico Bancalari, al quale scrive l'11 giugno 1843: "Io desidererei un libretto grandioso e nell'istesso tempo appassionato, e che si staccasse dal Nabucco e dai Crociati. Siavi molto fuoco, azione moltissima, e brevità".

L'*Ernani* è già qui, in questa immagine della nuova opera veneziana; ma, prima di arrivare a esso, passeranno molti altri titoli, e fra gli altri un altro dramma di Victor Hugo, il *Cromwell*. Anzi, quest'ultimo soggetto, affidato al veneziano Francesco Maria Piave, esordiente nel campo della librettistica, diventerà, alla fine di agosto, un vero e proprio libretto: nel quale, tuttavia, ci sono il fuoco e la brevità invocati da Verdi, ma manca l'"azione moltissima"; e viene eliminato i primi giorni di settembre. Che fare? si domanda a questo punto il conte Mocenigo, presidente della Fenice; e scrive a Verdi, proponendogli l'*Ernani*. Verdi risponde immediatamente: "Oh se si potesse fare l'Hernani sarebbe una gran bella cosa! È vero che sarebbe pel poeta una gran fatica, ma prima di tutto io cercherei di compensarnelo, e poi otterressimo sicuramente sul pubblico un più grande effetto. Il Sig.r Piave poi ha molta facilità nel verseggiare, e nell'Hernani non vi sarebbe che di ridurre e stringere: l'azione è fatta: e l'interesse è immenso".

La scelta è fatta, ma esiste lo scoglio della censura, che non avrà la mano leggera nei confronti di un soggetto in cui un re come Carlo V non fa propriamente una bella figura, e per di più alle prese con un bandito; Piave si rifiuta di lavorare se non ha garanzie in proposito. Allora entra di nuovo in azione il conte Mocenigo, che propone una sua riduzione del dramma, garantendo con la propria autorità di aggirare l'ostacolo censorio. E ci riesce tanto bene che non solo la censura dà il nulla osta, ma la sistemazione da lui proposta non subisce sostanziali modifiche in fase di verseggiatura. Gente che s'intendeva di teatro, insomma. Perché dal punto di vista della struttura drammaturgica, il libretto dell'*Ernani* è esemplare.

Mentre Piave lavora, viene formata la compagnia di canto, che in una prima fase vede il ruolo del protagonista affidato a un contralto, con don Carlo tenore e Silva baritono. Una distribuzione consigliata dalla grande simpatia che in quel periodo il pubblico veneziano tributava al contralto Carolina Vietti. Poi, con la scelta di Carlo Guasco, che avverrà sul finire del 1843, i ruoli maschili avranno la loro definitiva sistemazione con il protagonista tenore, don Carlo baritono e Silva basso.

All'inizio di ottobre cominciano ad arrivare a Milano le prime scene verseggiate da Piave, e Verdi ne è contentissimo; ma naturalmente, approfittando anche del fatto che Piave è quasi un esordiente, pretende molte correzioni, e raccomanda costantemente "brevità, e fuoco".

Il 3 dicembre, quando il lavoro di composizione è già da tempo avviato, Verdi si trasferisce a Venezia, per seguire le prove dei *Lombardi* che il 26 dicembre inaugurano la Stagione di Carnevale, con esito contrastato, ma con ben diciannove repliche. Il 15 febbraio iniziano le prove dell'*Ernani*, che viene rappresentato il 9 marzo con le scene non ancora del tutto allestite. L'esito è buono, malgrado la raucedine del tenore Guasco e le stonature del soprano Loewe; e nel corso delle sedici repliche l'accoglienza diventa entusiastica. Verdi, che lascia Venezia il 17 marzo, dedica lo spartito alla contessa Clementina Spaur, moglie di Mocenigo, l'uomo che aveva più aiutato Verdi in questa sua prima esperienza veneziana.

Ernani

Dramma lirico in quattro parti

versi di
Francesco Maria Piave

musica di
Giuseppe Verdi

Personaggi

Ernani, il Bandito	[tenore]
D. Carlo, re di Spagna[1]	[baritono]
D. Ruy Gomez De Silva,	
grande di Spagna	[basso]
Elvira, sua nipote	
e fidanzata[2]	[soprano]
Giovanna, di lei nutrice	[soprano]
D. Riccardo, scudiero del re	[basso]
Jago, scudiero di D. Ruy	[basso]

1. Carlo (1500-1558), figlio dell'arciduca d'Austria Filippo il Bello e di Giovanna la Pazza, divenne re di Spagna nel 1516 col nome di Carlo I, ereditando il regno del nonno materno Ferdinando il Cattolico. Infatti Ferdinando era re di Aragona in quanto figlio di Giovanni II d'Aragona, e aveva anche il regno di Castiglia avendo sposato Isabella di Castiglia, sorella del defunto Enrico IV di Castiglia. Inoltre Carlo era anche erede potenziale del titolo di imperatore del Sacro Romano Impero, perché suo padre Filippo il Bello era figlio di Massimiliano d'Asburgo.
2. Fra i personaggi principali, Elvira è l'unica che muta il nome nel passaggio dal dramma – dove si chiama Donna Sol de Silva – al libretto. Fra i personaggi minori non muta nome Don Riccardo, mentre Giovanna deriva da Donna Giuseppa Duarte, e Jago dal paggio Giacomo. In quanto al nome Hernani, sotto cui si nasconde Don Giovanni d'Aragona, è anche il nome di una cittadina che si trova all'estrema periferia meridionale di San Sebastián.

Cori:

**Montanari ribelli e banditi – Cavalieri, famigliari di Silva – Ancelle
di Elvira – Cavalieri del re – Personaggi della Lega – Nobili
spagnuoli e alemanni – Dame spagnuole e alemanne.**

Comparse:

**Montanari e banditi -Elettori e grandi della corte imperiale
Paggi dell'impero – Soldati alemanni
Dame e famigliari d'ambo i sessi.**

Epoca, l'anno 1519.

La Scena ha luogo:

Parte I. Nelle montagne d'Aragona.
    Nel castello di D. Ruy Gomez De Silva.
Parte II. Nello stesso castello.
Parte III. In Aquisgrana.
Parte IV. In Saragozza.

Il riassunto del libretto

Parte I. Sulle montagne d'Aragona un gruppo di ribelli attende il ritorno del capo, Ernani, che giunge alfine, triste e pensoso: la donna che egli ama, Elvira, l'indomani sarà sposa del vecchio zio e tutore Ruy Gomez de Silva, di cui si vede in distanza il castello. Ernani ha deciso di rapire Elvira, e i suoi compagni sono pronti a dargli manforte.

In una stanza del castello Elvira aspetta con ansia l'arrivo di Ernani, che la libererà dalle odiate nozze con Silva. Ma giunge invece il re Carlo, a sua volta innamorato di Elvira, che tenta invano di convincerla a seguirlo; e quando il re vuol trascinarla con la forza, la fanciulla si impossessa del suo pugnale, e minaccia la morte ad entrambi. Irrompe Ernani a fermare il gesto di Elvira; egli si fa riconoscere come una vittima del re, che gli ha fatto uccidere il padre, e lo sfida; ma il re si rifiuta di combattere con un bandito, e con disprezzo lo invita ad allontanarsi, suscitandone l'ira. Elvira cerca di calmare i due uomini, ma in quello stesso momento entra Silva, che vede con doloroso stupore, e poi con rabbia, Elvira insidiata da due uomini. Egli, che non ha riconosciuto il re, sfida gli intrusi, ma entra don Riccardo, che si inchina al re: anche Silva, stupefatto, si prostra. Carlo spiega che è venuto a chiedere l'aiuto del nobile Silva per la sua elezione al trono imperiale, e nello stesso tempo fa allontanare Ernani, affermando che è uno del suo seguito. Il giovane si allontana, covando propositi di vendetta, mentre Elvira gli promette fedeltà.

Parte II. In una ricca sala del castello di Silva si stanno festeggiando le imminenti nozze fra il vecchio ed Elvira. Ignaro dell'evento, entra Ernani travestito da pellegrino, e Silva lo accoglie come ospite. Non appena egli scopre il motivo della festa, svela la sua identità; ma Silva non lo tradisce, perché per lui l'ospite è sacro. Ernani ha poi un rapido incontro con Elvira, che gli svela la propria innocenza: avuta la falsa notizia della sua morte, ha accettato di sposare Silva con l'intento di uccidersi il giorno stesso delle nozze. I due innamorati si abbracciano, e così li sorprende Silva, che vorrebbe subito vendicare il proprio onore offeso; ma viene annunciato l'arrivo del re e dei suoi soldati, che sono all'inseguimento di Ernani. Silva fa entrare Ernani in un nascondiglio segreto, e affronta l'ira del re: egli non consegnerà il bandito, perché è suo ospite. Il re fa inutilmente ispezionare il castello, e quindi, di fronte all'ostinato silenzio di Silva, lo minaccia di morte, quando sopraggiunge Elvira a invocare pietà. Il re lascia libero Silva, e si allontana prendendo Elvira quale pegno della fedeltà del vecchio. Rimasto solo, Silva afferra due spade, e apre il nascondiglio di Ernani; questi non vuole battersi con un vecchio, ed è disposto a lasciarsi uccidere, pur di vedere un'ultima volta Elvira. Alla notizia che essa è stata rapita, Ernani svela che Carlo è un rivale, e quindi convince il vecchio a unirsi a lui nella lotta contro il re. Silva accetta, ma non perdona Ernani, col quale stringe un patto: non appena sentirà il suono di un corno, questi dovrà morire.

Parte III. Ad Aquisgrana, nel sotterraneo che racchiude la tomba di Carlo Magno, il re si nasconde nel monumento sepolcrale con l'intenzione di sorprendere i congiurati che si apprestano ad ucciderlo, mentre nella città si stanno contando i voti che dovrebbero consacrarlo imperatore del Sacro Romano Impero. Entrano i congiurati, e fra essi Silva ed Ernani, a scegliere l'uomo che dovrà uccidere Carlo: la sorte privilegia Ernani. Silva si offre di rinunciare alla vendetta, pur di avere lui l'ambito incarico, ma Ernani rifiuta. Mentre i congiurati si stringono in un patto di odio contro il tiranno, tre colpi di cannone annunciano l'elezione di Carlo: il quale esce dalla tomba, gettando il terrore fra i congiurati. Subito attorniato dagli Elettori e dal numeroso seguito, egli condanna i congiurati plebei alla prigione, e i nobili a morte. Ernani, che è stato posto fra i plebei, rivendica la propria origine nobile, si fa riconoscere come il conte don Giovanni d'Aragona, e vuole la morte. Ma si fa avanti anche Elvira, che supplica l'imperatore a fare un gesto di pietà: Carlo non solo concede la vita ai congiurati, ma offre Elvira in sposa a Ernani, mentre Silva medita la vendetta.

Parte IV. Su una terrazza del castello di don Giovanni d'Aragona, mentre la festa per le nozze di Elvira ed Ernani è in pieno svolgimento, una maschera si aggira fra gli invitati. E quando i due sposi si accingono a entrare nella stanza nuziale, si ode un suono di corno: è Silva, che si toglie la maschera e chiede la vita di Ernani. Invano questi cerca di convincerlo a rinunciare alla vendetta; Silva gli concede soltanto la scelta fra il veleno e il pugnale. Ernani, disperato, si immerge la lama nel petto, mentre Elvira sviene e Silva, finalmente appagato, esulta.

Parte prima

IL BANDITO

[Preludio]

Montagne dell'Aragona. Vedesi in lontano il moresco castello[3] di D. Ruy Gomez de Silva. È presso il tramonto.

Scena prima[4]

[Introduzione]

Coro di ribelli montanari e banditi. Mangiano e bevono; parte giuoca, e parte assetta le armi.

Tutti
Allegri!... beviamo[5] – Nel vino cerchiamo[6]
Almeno un piacer!
Che resta al bandito – Da tutti sfuggito,
Se manca il bicchier?

---

3. Che il castello di Silva sia moresco è una raffinatezza di Piave, magari suggerita dal pittore delle scene Francesco Bagnara, e non ha riscontro in Hugo. Probabilmente l'idea deriva dalla didascalia di Hugo relativa alla residenza di Ernani (atto V), che ha una "balaustrata sormontata da arcate moresche". Saragozza era stata un'importante città araba fra il 714 e il 1118, ed esistono ancora, nella città e nella regione, alcune vestigia dell'architettura *mudéjar*.
4. Le scene prima e seconda non si trovano in Hugo, che inizia il dramma con la scena nelle stanze di Elvira. Sarà lo stesso Ernani, parlando con Donna Sol, a descrivere i "rozzi" suoi compagni, la "masnada" che pare "infernal stuol": spunti per il Coro iniziale.
5. Partitura: "Evviva!... Beviam!...".
6. Partitura: "Cerchiam".

I.

Giuochiamo, ché l'oro – È vano tesoro,
   Qual viene sen va.
Giuochiam, se la vita – Non fa più gradita
   Ridente beltà!

II.

Per boschi e pendici – Abbiam soli amici
   Moschetto e pugnal.
Quand'esce la notte – nell'orride grotte
   Ne forman guancial.[7]

---

7. Il soggetto sono il moschetto e il pugnale citati poco prima, che costituiscono il guanciale di questa masnada. Solo al termine di questa terza strofa vengono intonate le prime parole della prima: "Allegri! Beviam! Beviamo!".

Scena seconda

Ernani, che mesto si mostra da una vetta, e detti.

Tutti
Ernani pensoso! – Perché, o valoroso,
    Sul volto hai pallor?
Comune abbiam sorte, – In vita ed in morte
    Son tuoi braccio e cor.
Qual freccia scagliata – La meta segnata
    Sapremo colpir.
Non avvi mortale – Che il piombo o il pugnale
    Non possa ferir.

[Recitativo e Cavatina Ernani]

Ernani
Mercè, fratelli, amici,[8]
A tanto amor mercè...
Udite or tutti del mio cor gli affanni,
E se voi negherete il vostro aiuto
Forse per sempre Ernani fia perduto.
        Come rugiada al cespite[9]
            D'un appassito fiore
            D'aragonese vergine
            Scendeami voce al core:
            Fu quello il primo palpito
            D'amor che mi beò.

---

8. Questo verso è così modificato: "Mercè, diletti amici".
9. La cavatina di Ernani, che non ha riscontro nel dramma di Hugo, deriva dal coro dell'atto IV dell'*Adelchi* di Manzoni, non solo per la esatta citazione del primo verso, ma per tutta la costruzione della similitudine: "Come rugiada al cespite / dell'erba inaridita, / fresca negli arsi calami / fa r̄ifluir la vita, / che verdi ancor risorgono / nel temperato albor; // tale il pensier, cui l'empia / virtù d'amor fatica, / discende il refrigerio / d'una parola amica, / e il cor diverte ai placidi / gaudii d'un altro amor" (vv. 61-72).

Il vecchio Silva stendere
Osa su lei la mano...
Domani trarla al talamo
Confida, l'inumano...
S'ella m'è tolta, ahi misero!
D'affanno morirò!
Si rapisca...

Coro

Sia rapita;
Ma in seguirci sarà ardita?

Ernani

Me 'l giurò.

Coro

Dunque verremo;
Al castel ti seguiremo. *(attorniandolo.)*
Quando notte il cielo copra
Tu ne avrai compagni all'opra,
Dagli sgherri d'un rivale
Ti fia scudo ogni pugnale.
Spera,[10] Ernani; la tua bella
De' banditi fia la stella.
Saran premio al tuo valore
Le dolcezze dell'amor.

Ernani

Dell'esilio,[11] nel dolore
Angiol fia consolator.

---

10. Invece di "spera", un più convinto, deciso "vieni".
11. "Esiglio".

(O tu, che l'alma adora,
  Vien, la mia vita infiora;
  Per noi d'ogni altro bene
  Il loco amor terrà.
Purché brillarti in viso
  Veda soave un riso,[12]
  Gli[13] stenti suoi, le pene
  Ernani scorderà. *(s'avviano al castello.)*

---

12. Questi due versi sono modificati: "Purché sul tuo bel viso / vegga brillare il riso".
13. "Li".

Scena terza

[Scena e Cavatina Elvira]

Ricche stanze di Elvira nel castello di Silva.
È notte.

Elvira.

Elvira
Sorta è la notte, e Silva non ritorna!...
Ah[14] non tornasse ei più!...
Questo odiato veglio,
Che quale immondo spettro ognor m'insegue
Col favellar d'amore,
Più sempre Ernani mi configge in core.
   Ernani!... Ernani, involami
    All'abborrito amplesso.
    Fuggiam...,[15] se teco vivere
    Mi sia d'amor concesso,
    Per antri e lande inospite
    Ti seguirà il mio piè.
   Un Eden di delizia[16]
    Saran quegli antri a me.

14. "Oh".
15. "Fuggiamo".
16. "Delizie".

Scena quarta

Detta ed Ancelle, *che entrano portando ricchi doni di nozze.*

Ancelle

Quante d'Iberia giovani
Te invidieran, signora!
Quante ambirieno il talamo[17]
Di Silva che t'adora!
Questi monili splendidi
Lo sposo ti destina,
Tu sembrerai regina
Per gemme e per beltà.
Sposa domani in giubilo
Te ognun saluterà.

Elvira

M'è dolce il voto ingenuo
Che il vostro cor mi fa.[18]
(Tutto sprezzo, che d'Ernani
Non favella a questo core.
Non v'ha gemma che in amore
Possa l'odio tramutar.
Vola, o tempo, e presto reca
Di mia fuga il lieto istante,
Vola, o tempo, al core amante
È supplizio l'indugiar.)

Coro

(Sarà sposa non amante
Se non mostra giubilar.) *(partono.)*

---

17. "Ambirieno" è licenza poetica di Piave: "quante ambirebbero il talamo".
18. In partitura si legge la didascalia "accenna di deporre i doni".

Scena quinta

[Scena]

D. Carlo e Giovanna.

Carlo
Fa che a me venga,... e tosto...

Giovanna
Signor, da lunghi giorni
Pensosa ognora ogni consorzio evita...
È Silva assente...

Carlo
                    Intendo,
Or m'obbedisci...

Giovanna
                    Sia... *(parte.)*

Scena sesta

D. Carlo.

Carlo
Perché Elvira rapì la pace mia?...
Io l'amo... il mio potere... l'amor mio
Ella non cura... ed io
Preferito mi veggo
Un nemico giurato, un masnadiero...
Quel cor tentiamo sola una volta ancora.[19]

---

19. "Quel cor tentiamo una sol volta ancora".

Scena settima

Detto ed Elvira.

Elvira
Sire!... fia ver?... voi stesso!... ed a quest'ora?

[Duetto, indi Terzetto]

Carlo
Qui mi trasse amor possente...

Elvira
Non mi amate...[20] voi mentite.

Carlo
Che favelli?... Un re non mente...

Elvira
Da qui dunque ora partite.

Carlo
Meco vieni...[21]

Elvira
Tolga Iddio!

Carlo
Meco vieni, ben vedrai
Quanto io t'ami...[22]

Elvira
E l'onor mio?...

---

20. "Non m'amate".
21. "Vieni meco".
22. Questi due versi di Carlo sono così modificati: "Vieni, mi segui, ben vedrai quant'io t'ami".

Carlo

Di mia corte onor sarai...

Elvira

No!... cessate...

Carlo

E un masnadiero
Fai superbo del tuo amor?[23]

Elvira

Ogni cor serba un mistero...

Carlo

Quello ascolta del mio cor.
Da quel dì che t'ho veduta
  Bella come un primo amore,
  La mia pace fu perduta,
  Tuo fu il palpito del core.
  Cedi, Elvira, ai voti miei;[24]
  Puro amor desio da te;
Gioia e vita esser tu déi
  Del tuo amante, del tuo re.

Elvira

Fiero sangue d'Aragona
  Nelle vene a me trascorre...
  Lo splendor d'una corona
  Leggi al cor non puote imporre...
  Aspirar non deggio al trono,
  Né i favor vogl'io d'un re.
L'amor vostro, o sire, è un dono
  Troppo grande o vil per me.

---

23. "Fai superbo del tuo cor?"
24. "A' voti miei".

Carlo

> Non t'ascolto... mia sarai...
> Vien, mi segui... *(afferrandole un braccio.)*

Elvira *(fieramente dignitosa.)*

> > > Il re dov'è?...
> Nol ravviso...

Carlo

> > Lo saprai...

Elvira *(strappandogli dal fianco il pugnale.)*
> So che questo basta a me.
> Mi lasciate, o d'ambo il core
> > Disperata ferirò.

Carlo

> Ho i miei fidi...[25]

Elvira

> > Quale orrore![26]

---

25. Hugo: "Per ridurti al dover, non sai che ascosi / ho tre fedeli miei seguaci?" (II, 2).
26. "Oh terror!".

Scena ottava

Detti ed Ernani *che viene da un uscio segreto,*
e va a porsi tra loro.

Ernani[27]
> Fra[28] quei fidi io pur qui sto.[29]

Carlo
> Tu se' Ernani!... me 'l dice lo sdegno
>> Che in vederti quest'anima invade:
>
> Tu se' Ernani!... il bandito, l'indegno
>> Turbatore di queste contrade...
>> A un mio cenno perduto saresti...
>> Va... ti sprezzo, pietade ho di te.
>
> Pria che l'ira in me tutta si desti,
>> Fuggi, o stolto, l'offeso tuo re.

Ernani
> Me conosci... tu dunque saprai
>> Con qual odio t'abborra il mio cuore...
>
> Beni, onori, rapito tu m'hai,
>> Dal tuo morto fu il mio genitore.
>> Perché l'ira s'accresca, ambi amiamo
>> Questa donna insidiata da te.
>
> In odiarci e in amor pari siamo,
>> Vieni adunque, disfidoti, o re.[30]

---

27. In partitura una didascalia precisa che Ernani entra "improvvisamente".
28. "Tra".
29. Altra didascalia: "si avanza lentamente". Hugo: "Tu uno, / Carlo, n'obblii!" (II, 3).
30. Hugo: "M'ascolta. Il padre tuo a ria morte infame / mandovvi il mio! t'odio perciò; miei beni / ed i titoli miei tu a me rapisti; / quindi t'odio più ancor!... Amiamo entrambi / la medesima donna!... Immensamente / ora m'è forza l'odiarti,... e sempre!" (II, 3).

Elvira *(entrando disperata fra loro col pugnale sguainato.)*
No, crudeli, d'amor non m'è pegno
  L'ira estrema che v'arde nel core...
  Perché al mondo di scherno far segno
  Di sua casa e d'Elvira l'onore?[31]
  S'anco un gesto vi sfugga, un accento,
  Qui trafitta cadrò al vostro piè.
No, quest'alma, in sì fiero momento
  Non conosce l'amante né il re.

31. "Di sua casa, d'Elvira l'onore?".

Scena nona

[Finale Primo]

Detti e Silva, *seguito poscia da' suoi* Cavalieri,
e da Giovanna *colle* Ancelle. *Carlo starà in modo da*
non essere facilmente conosciuto da Silva.

Elvira cerca di ricomporsi, e cela il pugnale

Silva[32]
Che mai vegg'io! Nel penetral più sacro
Di mia magione; presso a lei che sposa,
Esser dovrà d'un Silva,
Due seduttori io scorgo?
Entrate, olà, miei fidi cavalieri,[33]   *(entra il Coro.)*
Sia ognuno[34] testimon del disonore,
Dell'onta che si reca al suo signore.
    (Infelice!... e tuo credevi[35]
      Sì bel giglio immacolato!...
      Del tuo crine sulle nevi[36]
      Piomba invece il disonor.

32. Didascalia: "entra improvvisamente". Hugo: "Che veggio! uomini qui, nelle segrete / stanze di Donna Sol, di mia nipote!" (I, 3).
33. In partitura la didascalia precisa ulteriormente: "entrano Cavalieri e famigli, Giovanna ed Ancelle".
34. "Sia ognun".
35. Il libretto definitivo per la "prima" veneziana venne preceduto da due edizioni, che possono essere considerate quasi come bozze preparatorie; e in entrambi questi libretti si legge: "Infelice!... e tu credevi", che è il testo utilizzato anche da Verdi nella partitura autografa. Silva, in sostanza, ha un dubbio sull'illibatezza di Elvira. Nell'edizione definitiva del libretto si legge invece: "Infelice!... e tuo credevi", che, con una certa forzatura, allude da parte di Silva solo a un dubbio sulla coscienza del possesso di Elvira, ma in tal caso facendo assumere all'immagine seguente del "giglio immacolato" un sapore ironico, data la situazione. Sono chiare quindi le intenzioni di Piave e di Verdi a favore della versione "e tu credevi", che probabilmente è stata modificata in "tuo credevi" su suggerimento della censura, che non poteva ammettere un dubbio sulla verginità di una nobile eroina come Elvira. Non c'è motivo per non adottare definitivamente la versione dell'autografo.
36. "Fra le nevi".

Ah, perché l'etade in seno
　　Giovin core m'ha serbato!
　　Mi doveano[37] gli anni almeno
　　Far di gelo pure il cor.)[38]
L'offeso onor, signori, *(a Carlo ed Ernani.)*
Inulto non andrà.
Scudieri, l'azza[39] a me, la spada mia...
L'antico Silva vuol vendetta, e tosto...[40]
Uscite...

Elvira
　　Ma signore...

Silva
Non un detto ov'io parlo...

---

37. "Mi dovean".
38. "Far di gelo ancora il cor".
39. Azza, arma costituita da una breve asta con testa di ferro appuntita da una parte e dall'altra appiattita a martello.
40. Hugo: "Scudieri in mio soccorso / presto il pugnal, la scure, e la mia spada!" (I, 3). In occasione di una esecuzione dell'opera al Teatro alla Scala, il 3 settembre 1844, a questo punto venne inserita una cabaletta con coro per il basso Ignazio Marini, che interpretava il ruolo di Silva, cabaletta che Verdi aveva composto nel 1842, sempre per lo stesso cantante, per una ripresa dell'*Oberto conte di S. Bonifacio* a Barcellona. La cabaletta venne trasferita da un'opera all'altra con alcune modifiche, che non è possibile stabilire se vennero effettuate dallo stesso Verdi, il quale comunque, magari solo tacitamente, approvò l'operazione, dato che era presente all'esecuzione scaligera dell'*Ernani*. Il testo utilizzato, di cui non si conosce l'autore, è il seguente:
Silva
Infin che un brando vindice
　　Resta al vegliardo ancora:
　　Saprà l'infamia tergere,
　　O vinto al suol cadrà.
Me fa tremante il subito
　　Sdegno che mi divora...
　　Cercando il sen del perfido
　　La man non tremerà.
Coro
Lo sdegno suo reprimere
　　Quel nobil cor non sa.

Carlo

                Signor Duca...

Silva
Favelleran le spade, uscite, o vili...
E tu per primo... vieni...   *(a Carlo.)*

Scena decima

Detti, Jago *e* D. Riccardo.

Jago
Il regale scudiero Don Riccardo...

Silva
Ben venga spettator di mia vendetta...

Riccardo *(indicando Carlo, al cui fianco prende posto.)*
Sol fedeltade e omaggio al re si spetta.

Tutti[41]
Oh cielo! è desso il re!!!

Elvira ed **Ernani** *(tra loro.)*
Io tremo sol per te![42]

Carlo *(a Don Riccardo.)*
  Vedi come il buon vegliardo
   Or del cor l'ira depone,
   Lo ritorna alla ragione[43]
   La presenza del suo re!

Riccardo *(a Don Carlo.)*
  Più feroce a Silva in petto
   De' gelosi avvampa il foco,
   Ma dell'ira or prende loco
   Il rispetto pel suo re.

---

41. Tutti, e cioè Silva, Giovanna, Jago e il Coro. In Hugo il riconoscimento del re è realizzato senza il ricorso a Don Riccardo: "*Carlo*: Don Silva, / di ciò non si contende. Or della morte / dell'avo mio Massimilian si tratta. (*Getta il mantello, e scopre il suo volto nascosto dal cappello.*) *Silva*: Vaneggi forse... Oh cielo! Il Re! Don Carlo! *Donna Sol*: Il Re! *Ernani*: Di Spagna il re! *Carlo*: Sì, io son Don Carlo" (I, 3).
42. "Io tremo, sol io per te!". È subito dopo Carlo: "Io sono il re!".
43. Nell'autografo, Verdi scrive dapprima "ritorna", come sul libretto, poi scrive "riduce", che è più nel linguaggio corrente: "lo riduce alla ragione".

Silva

 (Ah dagli occhi un vel mi cade!
  Credo appena a' sensi miei,
  Sospettar[44] io non potei
  La presenza del mio re!)

Ernani (*piano ad Elvira.*)[45]

 M'odi, Elvira, al nuovo sole
  Saprò torti a tanto affanno;
  Ma resisti al tuo tiranno,
  Serba a Ernani la tua fè.

Elvira (*piano ad Ernani.*)

 Tua per sempre... o questo ferro
  Può salvarmi dai tiranni!...
  M'è conforto negli affanni
  La costanza di mia fè.

Jago, **Giovanna** e **Coro** (*fra loro.*)

 Ben di Silva mostra il volto
  L'aspra pugna[46] che ha nel core,
  Pur ei cela il suo furore[47]
  In presenza del suo re.

Silva (*a Carlo piegando il ginocchio.*)

 Mio Signor, dolente io sono...

Carlo

 Sorgi, amico, ti perdono...[48]

---

44. "Sospettare".
45. Sia Ernani che Elvira cominciano quando gli altri personaggi hanno già cantato la prima volta la loro strofa. Le prime parole sono "Io tremo sol per te", che coincidono con il quarto verso degli altri personaggi, "la presenza del suo re /il rispetto pel suo re" ecc.
46. "L'aspra guerra".
47. "Pure ei frena tal furore".
48. "Io ti perdono".

Silva

Questo incognito serbato...

Carlo

Ben lo veggo, t'ha ingannato.
Morte colse l'avo augusto,

(appressandosegli confidente.)[49]

Or si pensa al successore...[50]
La tua fè conosco, il core...[51]
Vo' i consigli d'un fedel...

Silva

Mi fia onore... onor supremo...

Carlo[52]

Se ti piace, il tuo castel
Questa notte occuperemo.

Silva

Sire, esulto!...[53]

Elvira ed **Ernani**

(Che mai sento!)

Carlo *(ad Ernani.)*
(Vo'[54] salvarti...) *(a Silva indicando Ernani.)*
Sul momento
Questo fido partirà.[55]

---

49. In partitura una ulteriore precisazione: "sottovoce a Silva".
50. La morte di Massimiliano I imperatore del Sacro Romano Impero, nel 1519, aprì la lotta alla successione.
51. "La tua fè conosco e il core".
52. Didascalia in partitura: "Forte per essere inteso da tutti".
53. Questa battuta di Silva non è musicata. Hugo: "*Carlo:* Ospite tuo per questa notte io sono. *Silva:* Sommo è l'onor" (I, 3).
54. "Vuo'".
55. Hugo: "*Carlo (a Ernani):* Va, la tua fuga / di protegger mi degno. *Silva (mostrando Ernani):* E questi, o Sire, / chi è? *Carlo:* Un del seguito mio... ma ora egli parte" (I, 3).

Elvira
>   (Sentì il ciel di me pietà!)

Ernani *(fissando Carlo.)*[56]
>   (Io tuo fido?... il sarò a tutte l'ore
>   Come spettro che cerca vendetta,
>   Dal tuo spento il mio padre l'aspetta;
>   L'ombra amata placare saprò.[57]
>   L'odio inulto che m'arde nel core
>   Tutto spegnere alfine potrò.)[58]

Elvira *(piano ad Ernani.)*
>   Fuggi, Ernani, ti serba al mio amore,
>   Fuggi, fuggi a quest'aura funesta...
>   Qui, lo vedi, qui ognun ti detesta:
>   Va'... un accento tradire ti può.
>   Come tutto possiedi il mio core,
>   La mia fede serbarti saprò.

---

56. Didascalia aggiunta: "Con voce soffocata e terribile". Nel libretto il testo di Ernani è fra parentesi, cioè detto fra sé; in partitura Verdi non indica la parentesi, ma probabilmente è solo una dimenticanza. In Hugo le parole di Ernani vengono dette come un monologo, alla fine dell'atto I, quando tutti gli altri personaggi sono già usciti: "Sì, un tuo seguace io sono... Io, sì ti seguo / e notte e dì, di passo in passo, sempre! / Sull'orme tue col mio pugnale in mano / ti seguo ognor! In me la stirpe mia / la tua persegue in te" (I, 4).
57. In questi due versi di Ernani, Verdi muta due parole. "Spento" diventa "ucciso", e "amata" cambia in "irata": due modifiche che accentuano il tono "terribile" che deve avere il tenore in questo momento.
58. Il verbo che conclude la strofa di Ernani, "potrò", e quello che conclude la corrispondente strofa di Elvira, "saprò", sono invertiti da Verdi. Il tenore *saprà* spegnere nel sangue l'odio per il re, mentre il soprano *potrà* mantenere la fede a Ernani che ha conquistato il suo cuore. Quella di Verdi è sicuramente una scelta più appropriata.

Carlo *(a Silva e Don Riccardo.)*
  Più d'ogni astro vagheggio il fulgore
    Di che splende cesarea corona;[59]
    Se al mio capo il destino la dona,
    D'essa degno mostrarmi saprò.
  La clemente giustizia e il valore
    Meco ascendere in trono farò.

Silva e **Riccardo** *(a Carlo.)*
  Nel tuo dritto confida, o Signore,
    È d'ogni altro più santo, più giusto.[60]
    No, giammai sopra[61] capo più augusto,
    Mai de' Cesari il lauro posò.
  Chi d'Iberia possiede l'amore,
    Quello tutto del mondo mertò.

Giovanna ed **Ancelle**[62] *(tra loro.)*
  Perché mai dell'etade in sul fiore,
    Perché Elvira smarrita ed oppressa,
    Or che il giorno di nozze s'appressa
    Non di gioia un sorriso mostrò?
  Ben si vede... l'ingenuo suo core
    Simulare[63] gli affetti non può.

59. Nel libretto Carlo vagheggia il fulgore della corona imperiale più di ogni astro del firmamento; in partitura Verdi sostituisce la parola "astro" con "altro": cioè Carlo vagheggia il fulgore della corona imperiale più di ogni altro uomo. Le due versioni sono entrambe accettabili: quella di Verdi più semplice, di più immediata comprensione, quella di Piave più coerente con l'immagine del fulgore della corona.
60. Silva canta, "è d'ogni altro più santo e più giusto", Riccardo invece, "è d'ogni altro più sacro e più giusto". Ma certamente si tratta di una disattenzione di Verdi.
61. "Sovra".
62. Solo Giovanna canta i sei versi seguenti. Le Ancelle intonano invece gli ultimi quattro versi della sestina affidata ai Cavalieri.
63. "Simular".

Jago e **Cavalieri** *(tra loro.)*
   Silva in gioia cangiato ha il furore,
     Tutta lieta or si vede quell'alma,
     Come al mare ritorna la calma
     Quando l'ira dei venti cessò.[64]
   La dimora del re nuovo onore
     Al castello di Silva apportò.

---

64. Jago canta "passò", mentre i Cavalieri e le Ancelle "cessò". Certamente si tratta di una svista di Verdi.

Parte seconda

L'Ospite

Magnifica sala nel castello di D. Ruy Gomez de Silva.
Porte che mettono a vari appartamenti.
Intorno alle pareti veggonsi disposti, entro ricche cornici,
sormontate da corone ducali e stemmi dorati,
i ritratti della famiglia dei Silva.
Presso ciascun ritratto
vedesi collocata una completa armatura equestre,
corrispondente all'epoca in cui il dipinto personaggio viveva.
Avvi pure una ricca tavola
con presso un seggiolone ducale di quercia.

Scena prima

[Introduzione]

Cavalieri e Paggi di D. Ruy.
Dame e Damigelle di Elvira riccamente abbigliate.

Tutti
Esultiamo!… Letizia ne inondi…
Tutto arrida di Silva al castello;
No, di questo mai giorno più bello,
Dalla balza d'oriente spuntò.

Dame

> Quale fior che le aiuole giocondi,
> Olezzando dal vergine stelo,
> Cui la terra sorride[1] ed il cielo
> È d'Elvira la rara beltà.

Cavalieri

> Tale fior sarà colto, adorato
> Dal più degno gentil cavaliere,[2]
> Ch'ora vince in consiglio e sapere[3]
> Quanti un dì col valore eclissò.

Tutti

> Sia il connubio, qual merta, beato,
> E ripeter si vegga la prole,
> Come l'onda fa i raggi del sole,
> De' parenti virtude e beltà.[4]

---

1. "Cui la terra vagheggia".
2. "Dal più bello e gentil cavaliere": il "degno" del libretto è molto più adatto al ruolo e all'età di Silva.
3. Da questo verso le Dame si uniscono ai Cavalieri.
4. Questa quartina, in realtà poco felice, è così modificata: "Sia il connubio, qual merta, beato, / e se lieto esser possa di prole, / come in onda ripetesi il sole, / de' parenti abbia senno e beltà".

Scena seconda

[Recitativo e Terzetto]

Detti, Jago e Silva, che pomposamente vestito da grande
di Spagna, va a sedersi sul seggiolone ducale.

Silva
Jago, qui tosto il pellegrino adduci.

> *(Jago esce, e tosto comparisce Ernani sulla porta*
> *in arnese da pellegrino.)*

Ernani
Sorrida il cielo a voi.

Silva
T'appressa, o pellegrin... Chiedi, che brami?

Ernani
Chiedo[5] ospitalità.

Silva[6]
Fu sempre cara ai Silva, e lo sarà.
Qual tu sia, donde venga,
Io già saper non voglio.
Ospite mio sei tu... Ti manda Iddio,
Disponi...

Ernani
     A te, signor, mercè.

Silva
          Non cale;
Qui l'ospite è signor.

---

5. "Chieggo".
6. Didascalia: "indicando i ritratti".

Scena terza

S'apre la porta dell'appartamento di Elvira, *ed ella entra in ricco abbigliamento nuziale, seguita da giovani* Paggi *ed* Ancelle.[7]

Silva
Vedi? la sposa mia s'appressa…

Ernani
                                        Sposa!!

Silva *(ad Ernani.)*
Fra un'ora… A che d'anello *(ad Elvira.)*
E di ducal corona,
Non t'adornasti, Elvira?[8]

Ernani
Sposa!!… Fra un'ora!!… Adunque
Di nozze il dono io voglio offrirti, o duca.

Silva
Tu?

Ernani
        Sì.

Elvira
        (Che ascolto!)[9]

---

7. Sul libretto, anche nell'edizione rimasta allo stato di bozza, si legge: "giovani Paggi ed Ancelle"; Verdi, in partitura, scrive invece: "Giovanna, Paggi ed Ancelle". Potrebbe aver ragione lui, dato che Elvira dovrebbe sempre essere accompagnata, nei momenti ufficiali, dalla nutrice (vedi per esempio scena XI di questa stessa parte seconda). È vero, d'altra parte, che in questa scena Giovanna non canta, come del resto non cantano le Ancelle (i Paggi sono comparse): perché allora farla entrare in scena?
8. Hugo: "Mia sposa vieni. Che? tu ancor non hai / né corona, né anello!" (III, 4).
9. "Che intendo!".

Silva
                    E quale?

Ernani
                    Il capo mio;
Lo prendi…[10] *(gettando l'abito da pellegrino.)*

Elvira
                    (Ernani vive ancor!)[11] Gran Dio!

Ernani
                    Oro, quant'oro ogni avido
                        Puote saziar desio,
                        A tutti v'offro, abbiatelo
                        Prezzo del sangue mio…[12]
                        Mille guerrier m'inseguono,[13]
                        M'incalzano inumani…
                    Sono il bandito Ernani,
                        Odio me stesso e il dì.

Elvira
                    (Oimè, si perde il misero!)

Silva *(a' suoi.)*
                    Smarrita ha la ragione.[14]

---

10. "Lo prendi" non è musicato.
11. "Ernani egli è!". Per chiarire in qualche modo il fatto che Elvira si sta preparando alle nozze, Piave le aveva fatto esclamare: "Ernani vive ancor!", facendo così comprendere, fin da ora, che ella l'ha creduto morto. Così, del resto, aveva esclamato Donna Sol in Hugo: "Oh Dio! egli vive!" (III, 4). Verdi preferisce invece un'esclamazione più generica, o per lasciare ancora un poco nel dubbio lo spettatore e rivelare poi la verità nella scena seguente, oppure per avere lo scatto più incisivo di quattro sillabe ("Ernani egli è") piuttosto che di sei ("Ernani vive ancor").
12. Hugo: "*Ernani*: Desso [ossia il capo di Ernani] / val cotant'oro da poterne voi / il prezzo aver per gli sponsali vostri! / Dòllo a voi tutti! Guiderdone immenso / n'avrete sì" (III, 4).
13. Questo verso è sostituito da "siccome belva i cani…".
14. Hugo: "Questa è follia! L'ospite mio, sì è un folle!" (III, 4).

Ernani

> Li miei dispersi fuggono,
>   Vostro son io prigione,
>   Al re mi date, e premio...

Silva

> Ciò non sarà, lo giuro;
> Rimanti qui securo,[15]
> Silva giammai tradì.
> In queste mura ogni ospite[16]
>   Ha i dritti d'un fratello:
>   Olà, miei fidi, s'armino
>   Le torri del castello;[17]
> Seguitemi...

(accenna ad Elvira di entrare nelle sue stanze
colle Ancelle; e seguito da' suoi parte.)[18]

15. "Sicuro".
16. Hugo: "Ospite mio tu sei, / e in queste mura, in tua difesa io debbo / vegliar io sempre, e, te difender anco / contro il mio re" (III, 4).
17. Hugo: "Io stesso / il mio castel corro a munire, e voglio / chiuder io stesso le ferrate porte" (III, 4).
18. Verdi precisa: "e seguito da' suoi esce dalla porta di mezzo".

Scena quarta

Elvira, *partito Silva, fa alcuni passi per seguire*
le Ancelle, indi si ferma e, uscite quelle, torna ansiosa
ad *Ernani*, *che sdegnosamente la respinge.*

Ernani

Tu... perfida!...
Come fissarmi ardisci?

Elvira

A te il mio sen, ferisci,
Ma fui e son fedel.[19]
Fama te spento credere
Fece dovunque.

Ernani

Spento?
Io vivo ancora!...

Elvira

Memore
Del fatto giuramento,
Sull'ara stessa estinguere
Me di pugnal volea, *(mostrandogli il pugnale celato.)*
Non son,[20] non sono rea
Come tu sei crudel.

Ernani

Tergi il pianto... mi perdona,
Fu delirio... t'amo ancor.

---

19. Nel canto Elvira conclude la frase con un "sì".
20. Didascalia: "piangente".

Elvira

> Caro accento!... al cor mi suona
> Più possente[21] del dolor.

Elvira ed **Ernani**

> Ah morir potessi adesso!
> O mio Ernani,
> O mia Elvira, sul tuo petto!
> Preverrebbe questo amplesso
> La celeste voluttà.
> Solo affanni il nostro affetto
> Sulla terra a noi darà.

---

21. "Più potente".

Scena quinta

Detti, e Silva, che, vedendoli abbracciati, si scaglia
furibondo tra loro col pugnale alla mano.

Silva
Scellerati, il mio furore
Non ha posa, non ha freno,
Strapperò l'ingrato core,
Vendicarmi potrò[22] almeno.

---

22. Non "potrò", ma "saprò": non una possibilità, ma una certezza.

Scena sesta

Detti e Jago frettoloso.

Jago

Alla porta del castello
Giunse il re con un drappello,
Vuole accesso...[23]

Silva[24]

S'apra al re.[25]

(Jago parte.)

---

23. "Vuole ingresso".
24. Didascalia: "dopo d'aver pensato dice:".
25. Hugo: "*Paggio*: Con stuol d'arcieri il re medesmo or giunge, / e il suono parte dal suo araldo. *Donna Sol*: Oh Dio! / Il re! Don Carlo! Ultimo colpo è questo! *Paggio*: Ei chiede la cagion per cui son chiuse / del castello le porte, e vuol che tosto / apransi. *Silva*: Si apra al re" (III, 6).

Scena settima

Silva, Elvira ed Ernani.

Ernani

Morte invoco or io da te.

Silva

No, vendetta più tremenda
Vo' serbata[26] alla mia mano;
Vien, ti cela, ognuno invano *(ad Ernani.)*
Rinvenirti tenterà.
A punir l'infamia orrenda
Silva solo basterà.

Elvira ed **Ernani**

La vendetta più tremenda
Su me compia la tua mano,
Ma con $\frac{lui}{lei}$ ti serba umano,
Apri il core alla pietà.
Su me sol l'ira tua scenda;
Giuro, in $\frac{lui}{lei}$ colpa non v'ha.[27]

(Ernani entra in un nascondiglio apertogli da Silva
dietro il proprio ritratto. Elvira si ritira nelle sue stanze.)

---

26. "Vuo' serbarla".
27. Gli ultimi tre versi sono così modificati: "abbi un'aura di pietade. / L'ira tua su me sol penda; / colpa in lui [lei], no, giuro, non v'ha".

Scena ottava

[Scena ed Aria Carlo]
Silva, D. Carlo, D. Riccardo *con seguito di* Cavalieri.

Carlo
Cugino, a che munito
Il tuo castel ritrovo?[28] *(Silva s'inchina senza parlare.)*
Rispondimi.

Silva
Signore...

Carlo
Intendo... di ribellione l'idra,
Miseri conti e duchi, ridestate...[29]
Ma veglio anch'io, e ne' merlati covi
Quest'idre tutte soffocar saprò,
E covi e difensori abbatterò.
Parla...

Silva
Signore, i Silva son leali.[30]

Carlo
Vedremo... de' ribelli
L'ultima torma vinta, fu dispersa;
Il capo lor bandito,
Ernani, al tuo castello ebbe ricetto,

---

28. Hugo: "Donde proviene, o mio cugin, che chiuso / trovo quest'oggi al tuo castel l'accesso?" (III, 7).
29. Hugo: "Ah! tu dunque ridesti / la spenta ribellion! – Miei cari duchi, / se contro me voi v'arrogate tanto, / anch'io di re, ma offeso rege i modi / usar saprò con voi" (III, 7).
30. Hugo: "I Silva, o Sire, / leali son!" (III, 7).

Tu me 'l consegna, o il foco, ti prometto,
Qui tutto appianerà...
S'io fede attenga, tu saper ben puoi.

Silva
Nol niego... è ver... tra noi
Un pellegrino giunse,
Ed ospitalità chiese per Dio...
Tradirlo non degg'io...

Carlo
Sciagurato!... e il tuo re tradir vuoi tu?

Silva
Non tradiscono i Silva.

Carlo
Il capo tuo, o quel d'Ernani io voglio,[31]
Intendi?...

Silva
                Abbiate il mio.

Carlo
Tu, Don Riccardo, a lui togli la spada.

(Riccardo eseguisce.)

Voi, del castello ogni angolo cercate,
Scoprite il traditore.[32]

Silva
Fida è la rocca come il suo signore.[33]

(Parte de' Cavalieri escono.)

---

31. Hugo: "Sappi che voglio / od il suo capo o il tuo... m'intendi, o duca?" (III, 7).
32. Hugo: "Andate, ricercate ovunque, / né vi sia loco in sotterranee volte, / o nelle torri..." (III, 7).
33. Hugo: "Il mio castello è fido / quanto il son io, ed egli solo a parte / è del segreto" (III, 7).

Scena nona

D. Carlo, Silva, D. Riccardo e parte de' Cavalieri.

Carlo *(con fuoco a Silva.)*
Lo vedremo, veglio audace,[34]
Se resistermi potrai,
Se tranquillo sfiderai
La vendetta del tuo re.
Essa rugge sul tuo capo;
Pensa pria che tutta scenda
Più feroce, più tremenda
D'una folgore su te.

Silva
No, de' Silva il disonore
Non vorrà d'Iberia un re.

Carlo
Il tuo capo, o il traditore...
Scegli... scampo altro non v'è.[35]

---

34. "Lo vedremo, o veglio audace".
35. "No, altro scampo no, non v'è".

Scena decima

Detti e Cavalieri *che rientrano portando fasci di armi.*[36]

Coro
>Fu esplorata del castello
>>Ogni parte la più occulta,[37]
>Tutto invano, del ribello
>Nulla traccia si scoprì.
>Fur le scolte disarmate;
>>L'ira tua non andrà inulta,
>Ascoltar non dèi pietate[38]
>Per chi fede e onor tradì.

Carlo
>Fra tormenti parleranno,[39]
>Il Bandito additeranno.

---

36. In partitura una didascalia più precisa: "Cavalieri entrano frettolosamente portando fasci di armi che depongono ai piedi del re".
37. "Ogni làtebra più occulta".
38. "Pietade".
39. "Fra i tormenti parleranno".

Scena undicesima

Detti ed Elvira, *che esce improvvisamente dalle sue stanze,
seguita da* Giovanna *ed* Ancelle.

Elvira *(gettandosi ai piedi di Carlo.)*
Deh, cessate... in regal core
Non sia muta la pietà.

Carlo *(sorpreso rialzandola.)*
Tu me 'l chiedi?... ogni rancore
Per Elvira tacerà.
Della tua fede statico[40] *(a Silva.)*
Questa donzella sia...
Mi segua... o del colpevole...

Silva
No, no; ciò mai non fia;
Deh, Sire, in mezzo all'anima
Non mi voler ferir...
Io l'amo... al vecchio misero
Solo conforto è in terra...[41]
Non mi volerla togliere,
Pria questo capo atterra.

Carlo
Adunque, Ernani...

Silva
Seguati,
La fè non vo'[42] tradir.

---

40. Statico: ostaggio.
41. Hugo: "Io te'n scongiuro, / questa fanciulla lasciami... ella sola, / su questa terra io m'ho!" (III, 7).
42. "Vuo'".

Coro *(a Silva.)*
> Ogni pietade è inutile,
> T'è forza l'obbedir.

Carlo *(ad Elvira.)*
> Vieni meco, sol di rose
> > Intrecciar ti vo'[43] la vita,
> > Meco vieni,[44] ore penose
> Per te il tempo non avrà.
> Tergi il pianto, o giovanetta,[45]
> > Dalla guancia scolorita,
> > Pensa al gaudio che t'aspetta,
> Che felice ti farà.

Riccardo e **Coro** *(ad Elvira.)*
> Credi, il gaudio che t'aspetta
> > Te felice renderà.

Giovanna ed **Ancelle**
> (Ciò la morte a Silva affretta
> > Piucché i danni dell'età.)

Elvira
> (Ah! la sorte che m'aspetta
> > Il mio duolo eternerà.)

Silva
> (Sete ardente di vendetta,
> > Silva appien ti[46] appagherà!)

> *(Il Re parte col suo seguito, seco traendo Elvira appoggiata*
> *al braccio di Giovanna; le Ancelle entrano nelle stanze*
> *della loro Signora.)*

---

43. "Vuo'".
44. "Vieni meco", come nel primo verso di Carlo.
45. "Giovinetta".
46. "Ti" non è musicato.

Scena dodicesima

[Recitativo e Duetto Ernani e Silva]

Silva, dopo aver veduto immobile partire il re col suo seguito.

Silva
Vigili pure il ciel sempre su te,[47]
L'odio vivrà in cor mio pur sempre, o re.

> *(corre alle armature[48] che sono presso i ritratti,*
> *ne trae due spade, e va quindi ad aprire il nascondiglio*
> *di Ernani.)*

---

47. Hugo: *"Silva: Rivedremci! (egli segue coll'occhio il re, che parte con Donna Sol, poi mette la mano sul suo pugnale e dice:)* Il cielo... / il cielo, su te vegli, o mio Signore!" (III, 7).
48. Verdi precisa: "Corre a due delle armature".

Scena tredicesima

Detto ed **Ernani**.

Silva *(presentandogli le due spade.)*
Esci...[49] a te... scegli... seguimi.[50]

Ernani

Seguirti?... E[51] dove?

Silva

Al campo.

Ernani

No 'l vo...[52] no 'l deggio...[53]

Silva

Misero!
Di questo acciaro[54] al lampo
Impallidisci?... Seguimi...

Ernani

Me 'l vietan gli anni tuoi.

Silva

Vien, ti disfido, o giovane;[55]
Uno di noi morrà.[56]

---

49. Didascalia: "Ernani sorte".
50. Hugo: "Partito è il re. Scegli, tu devi / a me render ragion... Pronto tu scegli / e tosto combattiam. Su via!" (III, 8).
51. "E" non è musicato.
52. "Vuo'".
53. Hugo: "Con te pugnar, non posso" (III, 8).
54. "Di quest'acciaro".
55. "Giovine".
56. Hugo: "M'uccidi, / o a morir vieni, o giovane" (III, 8).

Ernani

Tu m'hai salvato; uccidimi,
Ma ascolta per pietà!...

Silva

Morrai.

Ernani

Morrò, ma pria
L'ultima prece mia...

Silva

Volgerla a Dio tu puoi...

Ernani

No... la rivolgo a te...[57]

Silva

Parla... ho l'inferno in me.

Ernani

Sola una volta,[58] un'ultima
Fa ch'io la vegga...[59]

Silva

Chi?

Ernani

Elvira.

Silva

Or, or partì,
Seco la trasse il re.

---

57. Hugo: "*Ernani*: A te, degno signore, / l'ultima prece io fo! *Silva*: Parla con Dio! *Ernani*: No, io parlo a te!" (III, 8).
58. "Ah! Una sol volta".
59. Hugo: "Ma... per pietà m'accorda / ch'io pria la vegga, di morir!" (III, 8).

Ernani
> Vecchio, che mai facesti?
> Nostro rivale egli è.

Silva
> Oh rabbia!... E[60] il ver dicesti?

Ernani
> L'ama...

Silva *(furente per la scena.)*
> Vassalli, all'armi.[61]

Ernani
> A parte dèi chiamarmi
> Di tua vendetta.[62]

Silva
> No,
> Te prima ucciderò.

Ernani
> Teco la voglio compiere,
> Poscia m'ucciderai.[63]

Silva
> La fè mi serberai?

Ernani *(gli consegna un corno da caccia.)*
> Ecco il pegno: nel momento
> In che Ernani vorrai spento,
> Se uno squillo intenderà
> Tosto Ernani morirà.

60. "È" non è musicato.
61. Hugo: "*Ernani*: Vecchio insensato! ei l'ama! *Silva*: Don Carlo l'ama! *Ernani*: Sì, e ora a noi l'invola! / Nostro rivale egli è! *Silva*: Qual rabbia immensa! / Vassalli miei, su rapidi destrieri / presto salite, il rapitor s'insegua!" (III, 8).
62. Hugo: "Sol fammi / di tua vendetta a parte" (III, 8).
63. Hugo: "Vendicherotti... e poscia / m'ucciderai!" (III, 8).

Silva

> A me la destra... giuralo.

Ernani

> Pel padre mio lo giuro.

Silva ed **Ernani**

> Iddio n'ascolti,[64] e vindice
> Punisca lo spergiuro;
> L'aura, la luce manchino,
> Sia infamia al mentitor.

---

64. "Iddio ne ascolti".

Scena quattordicesima[65]

Detti e Cavalieri *di Silva, che entrano disarmati e frettolosi.*

Coro

Salvi ne vedi, e liberi
A' cenni tuoi, signor.

Silva

L'ira mi torna giovane;
S'insegua il rapitor.

---

65. Per una rappresentazione dell'*Ernani* al Teatro Ducale di Parma, 26 dicembre 1844, Rossini chiese a Verdi, per conto del tenore Nicola Ivanoff, un diverso finale della parte seconda, e cioè un'aria per Ernani con coro, su un testo scritto da Piave. Verdi accettò, e ne ebbe un compenso di Lire austriache 1.500. Ecco il testo della scena:

Scena quattordicesima
Jago *frettoloso e Detti.*

Jago

D'Ernani i fidi chiedono
Parlare al duce lor.

Silva *(a Jago che parte)*

Or ben. Fa che s'avanzino.

(ad Ernani)

Infiamma il loro ardor. *(parte)*

Scena quindicesima
Ernani *solo.*

Ernani

Padre, con essi intrepido
M'avrai vendicator!
Odi il voto, o grande Iddio,
Che al tuo soglio un cor ti porta;
Deh ti piaccia il brando mio
Di quel sangue dissetar!
Nell'angoscia del mio core
Questo è sol che mi conforta...
Del trafitto genitore
L'ombra inulta alfin placar.

Silva ed **Ernani**

In arcione, in arcion, cavalieri,
    Armi, sangue, vendetta, vendetta,
    Silva stesso vi guida, v'affretta,
    Premio degno egli darvi saprà.
Questi brandi, di morte forieri,[66]
    D'ogni cor troveranno la strada,
    Chi resister s'attenti, pria cada,
    Sia delitto il sentire pietà.[67]

Scena sedicesima
Coro di banditi, e detto.

Coro (*entra frettolosamente*)
    Vieni: con te dividere
    Vogliamo gioie e pene;
    Imponi, e come folgori
    Teco saprem pugnar.

Ernani
    Verrete voi? giuratelo!

Coro
    Giuriam sul nostro acciar!

Ernani
    Sprezzo la vita:
      Né più m'alletta
      Che per la speme
      Della vendetta;
    Della vendetta
      Gioia del forte
      Che non rifiuta
      Per lei morir.

Coro
    È la vendetta
      Gioia del forte,
      Per la vendetta
      Bello è il morir.

66. Didascalia: "indicando le armi".
67. Questo verso, e il corrispondente della strofa del coro, è sempre: "Fia delitto il sentirne pietà".

Coro
Pronti vedi li tuoi cavalieri...
    Per te spirano sangue, vendetta,
    Se di Silva la voce gli affretta,
    Più gagliardo ciascuno sarà!
Questi brandi, di morte forieri, *(brandendo le spade)*
    D'ogni cor troveranno la strada...
    Chi resister s'attenti, pria cada:
    Fia delitto il sentire pietà.

                           (partono tutti.)

Parte terza

LA CLEMENZA

Sotterranei sepolcrali
che rinserrano la tomba di Carlo Magno in Aquisgrana.[1]
A destra dello spettatore avvi il detto monumento
con porta di bronzo, sopra la quale leggesi
in lettere cubitali l'iscrizione KAROLO MAGNO;
in fondo scalea che mette alla maggior porta del sotterraneo,
nel quale pur si vedranno altri minori sepolcri;
sul piano nella scena altre porte
che conducono ad altre catacombe.
Due lampade pendenti dal mezzo spandono una fioca luce
su quegli avelli.

Scena prima

[Scena Carlo]

D. Carlo e D. Riccardo *avvolti in ampi mantelli oscuri*
entrano guardinghi dalla porta principale.
D. Riccardo precede con una fiaccola.

Carlo
È questo il loco?...[2]

Riccardo
Sì...

---

1. Nel duomo di Aquisgrana è tuttora conservato il sarcofago che racchiuse le spoglie
di Carlo Magno.
2. Hugo: "*Riccardo*: È questo il loco" (IV, 1).

Carlo

E l'ora?

Riccardo

È questa.

Qui s'aduna la Lega...[3]

Carlo

Che contro me cospira...
Degli assassini al guardo
L'avel mi celerà di Carlo Magno...
E gli Elettor?

Riccardo

Raccolti,
Cribrano i dritti a cui spetti del mondo
La più bella corona, il lauro invitto
De' Cesari decoro.[4]

---

3. Hugo: "*Carlo*: E quivi deve unirsi / la Lega? qui?" (IV, 1).
4. Cribrare, passare al vaglio. Tommaseo (*Dizionario dei sinonimi*): "con latinismo, non molto usitato ma non morto, diciamo 'cribrare'; ma non tanto di persona, quanto di idee, locuzioni, giudizi". Cribrano i dritti, significa che gli Elettori stanno passando al vaglio il pro e il contro di ciascun candidato alla corona imperiale. L'elezione dell'imperatore avvenne ad Aquisgrana nel 1519.

Carlo
Lo so... mi lascia.

(Riccardo va per partire.)

        Ascolta:
Se mai prescelto io sia,
Tre volte il bronzo ignivomo[5]
Dalla gran torre tuoni,[6]
Tu poscia scendi a me; qui guida Elvira.

Riccardo
E vorreste?...

Carlo
        Non più... fra questi avelli
Converserò coi[7] morti
E scoprirò i ribelli.

(D. Riccardo parte.)

---

5. Il bronzo ignivomo è il cannone, che emette fuoco.
6. Hugo: "*Carlo*: Scelto che sia l'imperator, con quale / segno, fia noto alla città il suo nome? *Riccardo*: Un colpo di cannon se eletto viene / il Sàssone; se è il re di Francia due; / se il siete voi, noto il faran tre colpi" (IV, 1). Sono Federico III il Saggio principe elettore di Sassonia, che però rinunciò alla candidatura, e il re di Francia Francesco I.
7. "Co'".

Scena seconda

D. Carlo.

Carlo

Gran Dio! costor sui sepolcrali marmi
Affilano il pugnal per trucidarmi!...[8]
Scettri!... dovizie!... onori!...
Bellezza!... gioventù!... che siete voi?[9]
Cimbe[10] natanti sopra[11] il mar degli anni,
Cui l'onda batte[12] d'incessanti affanni,
Finché giunte allo scoglio della tomba
Con voi nel nulla il nome vostro piomba![13]

8. Hugo: "Oh! è grato, è vero, l'affilare il ferro / sovra le tombe!" (IV, 1).
9. Hugo: "A che trovarsi / prence, re, imperator? A che nel mondo / esser stato il maggiore de' monarchi?" (IV, 2).
10. Cimba: piccola imbarcazione.
11. "Sovra".
12. "Sbatte".
13. Hugo: "Ah! tutto in opra / da voi si ponga per aver l'impero, / ed osservate poi la poca polve / che forma un tanto imperator! Il mondo / empite di rumore e di tumulto; / ampliate il vostro impero, e mai non dite: / or basta. Per altissimo che sia / lo scopo al quale il vostro orgoglio aspira, / ecco l'ultimo fin! Polve e non altro! / Oh impero, impero!" (IV, 2).

Oh de' verd'anni miei[14]
  Sogni e bugiarde larve,
  Se troppo vi credei,
  L'incanto ora disparve.
S'ora chiamato sono
  Al più sublime trono,
  Della virtù com'aquila
  Sui vanni m'alzerò;
E vincitor dei secoli
  Il nome mio farò.

(apre con chiave la porta del monumento di Carlo Magno e vi entra.)

---

14. Forse l'espressione deriva da una precedente battuta di Silva rivolta a Carlo, in Hugo: "Ne' miei verdi anni lo conobbi assai / l'avolo vostro" (I, 3). Silva ha sessant'anni, e sulla sua bocca l'immagine è appropriata. Carlo invece, al momento dell'elezione, ha diciannove anni, e se in Hugo la sua età giovanile è in qualche modo tenuta presente (Carlo è un sovrano abbastanza frivolo, non lontano dal re Francesco di *Le Roi s'amuse*), nell'opera non poteva che essere un uomo in età avanzata, soprattutto in relazione al ruolo vocale di baritono. In un primo tempo, invece, quando Ernani avrebbe dovuto essere un contralto e Carlo un tenore, si sarebbe creato un più esatto rapporto di età fra i tre uomini: Ernani e Carlo sui vent'anni, mentre Silva (baritono) avrebbe potuto avere i sessant'anni indicati da Hugo.

Scena terza

[Congiura]

Schiudonsi le porte minori del sotterraneo,
e vi entrano guardinghi ed avvolti in grandi mantelli
i Personaggi della Lega, portando fiaccole.

Coro I.

   Ad Augusta!

Coro II.

            Chi va là?

Coro I.

      Per Angusta![15]

Coro II.

            Bene sta.

Tutti

      Per la Lega santo ardor;
      L'alme invada, accenda i cor.

---

15. Sul libretto e sulla partitura autografa le parole d'ordine dei congiurati sono rispettivamente "Viva Augusta" e "Per Augusta". Esse derivano dal testo italiano di Hugo, con la variante di "Viva" al posto di "Ad". Si tratta evidentemente di un errore del traduttore italiano, dato che nell'originale francese si ha la versione corretta "Ad augusta" e "Per angusta". In vista della rappresentazione dell'opera alla Scala, 3 settembre 1844, Piave scrive a Ricordi pregandolo di correggere l'errore sul libretto, e precisa: "Le parole *Ad Augusta, Per Angusta* sono latine, e perciò devono essere stampate in corsivo. Il loro senso è questo. *Li congiurati si prefiggono di giungere ad alta meta per vie ristrette, o con deboli mezzi.* Questo era il loro motto d'Ordine. Spero ch'Ella, convinto della giustezza e necessità di questa variante, vorrà compiacermi, liberandomi da questo peso che veramente mi grava. Tale errore sarebbe imperdonabile". Anche la traduzione in prosa di Gaetano Barbieri, apparsa a Milano nel 1837, recita: "Ad augusta – Per augusta".

Scena quarta

Detti, Silva, Ernani e Jago vestiti come i primi.

Silva, Ernani e **Jago**[16]
 Ad Augusta!

Coro
    Per Angusta!

Silva, Ernani e **Jago**
 Per la Lega...[17]

Coro
    Santa e giusta.

Tutti[18]
  Dalle tombe parlerà
  Del destin[19] la volontà.

Silva *(salendo sopra una delle minori tombe.)*[20]
  All'invito mancò alcuno?

Coro
  Qui codardo avvi nessuno...

Silva
  Dunque svelisi il mistero:
  Carlo aspira al sacro impero.[21]

---

16. Jago non canta.
17. Anche in questo caso Jago non canta, e la frase è così modificata: "Per la Lega... santa, giusta". La risposta del coro non è musicata.
18. Tutti, e quindi anche Silva, Ernani e Jago.
19. "Destino".
20. Questa didascalia sulla partitura è spostata al successivo intervento di Silva, in corrispondenza con l'annuncio che Carlo aspira all'impero.
21. Hugo: "Carlo di Spagna, o amici, che straniero / è dal lato materno, al sacro impero / aspira..." (IV, 3). Carlo è tedesco da parte di padre, non di madre.

Coro[22]

Spento pria qual face cada.[23]

(tutti spengono contro terra le faci.)

Dell'Iberica contrada
   Franse i dritti...[24] s'armerà
Ogni destra che qui sta.

Silva

Una basti...[25] la sua morte
Ad un sol fidi la sorte.[26]

*(ognuno trae dal seno una tavoletta, v'incide col pugnale
la propria cifra, e la getta in un avello scoperchiato.)*

Coro

È ognun pronto in ogni evento
A ferire od esser spento.[27]

*(Silva s'appressa lentamente all'avello, ne cava una tavoletta;
tutti ansiosi lo circondano.)*

Coro

Qual si noma?

Silva

Ernani.[28]

Coro[29]

È desso!!

---

22. Col coro canta anche Jago.
23. Hugo: "*Congiurato*: Avrà la tomba! *Duca di Gota*: Alla sua fronte / avvenga ciò che a questa face avviene! (*gettando la sua face per terra e schiacciandola*)" (IV, 3).
24. Didascalia: "alzando il pugnale".
25. Hugo: "Una sol destra basta" (IV, 3).
26. Hugo: "Tiriam la sorte!" (IV, 3).
27. "A ferire o ad esser spento". Hugo: "Alfine a tutto rassegnato sia, / o per colpire o per morir" (IV, 3).
28. Hugo: "*Tutti*: Qual nome? *Congiurato*: Ernani!" (IV, 3).
29. Col coro anche Silva e Jago.

Ernani *(con trasporto di giubilo.)*
> Oh qual gaudio m'è concesso!!![30]
> Padre!!! Padre!!![31]

Coro[32]
> Se cadrai
> Vendicato resterai.[33]

Silva[34]
> L'opra, o giovane,[35] mi cedi. *(fra loro.)*

Ernani
> Me sì vile, o vecchio, credi?

Silva
> La tua vita, gli aver miei
> Io ti dono...

Ernani
> No.

Silva *(mostrandogli il corno.)*
> Potrei
> Ora astringerti a morir.

Ernani
> No... vorrei prima ferir...[36]

Silva
> Dunque, o giovane,[37] t'aspetta
> La più orribile vendetta.

30. "Oh qual gaudio or m'è concesso!!!".
31. "Ah padre!!! Padre!!!".
32. Col coro anche Jago.
33. "Vendicato ben sarai".
34. Didascalia: "sottovoce ad Ernani".
35. "Giovine".
36. Verdi scrive: "No... vorrei prima morir..."; forse si tratta di un errore, ma ci potrebbe anche essere una diversa intenzione: piuttosto che rinunciare ad uccidere Carlo, Ernani vorrebbe morire.
37. "Giovine".

Tutti

>   Noi fratelli in tal momento
>   Stringa un patto, un giuramento.

(tutti si abbracciano, e nella massima esaltazione
traendo le spade prorompono nel seguente:)

Coro[38]

>   Si ridesti il Leon di Castiglia,[39]
>   E d'Iberia ogni monte, ogni lito
>   Eco formi al tremendo ruggito,
>   Come un dì contro i Mori oppressor.
>   Siamo tutti una sola famiglia,[40]
>   Pugnerem colle braccia, co' petti;
>   Schiavi inulti più a lungo e negletti
>   Non sarem finché vita abbia il cor.
>   Sia che morte ne aspetti, o vittoria,[41]
>   Pugneremo,[42] ed il sangue de' spenti
>   Nuovo ardire ai figliuoli viventi,
>   Forze nuove al pugnare darà.
>   Sorga alfine radiante di gloria,
>   Sorga un giorno a brillare su noi...
>   Sarà Iberia feconda d'eroi,
>   Dal servaggio redenta sarà...[43]

---

38. Col coro anche Silva, Ernani e Jago.
39. Nel dramma Carlo si era autonominato "Leon di Castiglia" (III, 7).
40. Nel coro dell'atto II del *Conte di Carmagnola* di Manzoni si legge: "D'una terra son tutti: un linguaggio / parlan tutti: fratelli li dice / lo straniero: il comune lignaggio / a ognun d'essi dal volto traspar" (vv. 17-20); e più oltre: "Siam fratelli; siam stretti ad un patto" (v. 125).
41. "Morte colga, o n'arrida vittoria".
42. "Pugnerem".
43. Per la rappresentazione alla Scala del 3 settembre 1844, questi due ultimi versi vennero così modificati, forse per un intervento della censura che non accettava il riferimento all'Iberia terra di riscossa politica: "E immortal fra i più splendidi eroi, / col lor nome anche il nostro sarà...".

Scena quinta

[Finale Terzo]

Detti e D. Carlo *dalla porta del monumento.*

> *(s'ode un colpo di cannone.)*

Coro[44]
> Qual rumore!!

> *(altro colpo di cannone,*
> *e la porticella del monumento si apre.)*
>> Che sarà!!
> Il destin si compirà.

> *(terzo colpo di cannone,*
> *e D. Carlo si mostra sulla soglia.)*
>> Carlo Magno imperator!!![45] *(atterriti.)*

Carlo *(picchia tre volte col pomo del pugnale sulla porticella di bronzo,*
poi esclama con terribile voce:)
> Carlo Quinto, o traditor.[46]

---

44. Col coro anche Silva, Ernani e Jago.
45. Hugo: "*Ernani*: Che veggio io mai!... parvemi pur che solo / grande di troppo ei fosse. Io lo credetti / Carlomagno;... ma,... or sì, m'avveggo ch'egli / è Carlo quinto" (IV, 4).
46. Hugo: "*Carlo*: Ferite pur, ferite; è Carlo quinto!" (IV, 4).

Scena sesta

S'apre la gran porta del sotterraneo, ed allo squillar
delle trombe entrano sei Elettori vestiti di broccato d'oro,
seguiti da paggi che portano sopra cuscini di velluto lo scettro,
la corona e le altre insegne imperiali.
Ricco corteo di Gentiluomini e Dame Alemanne e Spagnuole
circonda l'imperatore.
Fra le ultime vedesi Elvira seguita da Giovanna.
Nel fondo saranno spiegate le bandiere dell'impero,
e molte fiaccole portate da' soldati illumineranno la scena.
D. Riccardo è alla testa del corteggio.

Riccardo
L'elettoral Consesso v'acclamava
Augusto imperatore,
E le cesaree insegne,
O Sire, ora v'invia...

Carlo *(agli Elettori)*
La volontà del Ciel sarà la mia...
Questi ribaldi contro me cospirano...
Tremate, o vili, adesso?... *(ai congiurati)*
È tardi!... tutti in mano mia qui siete...[47]
La mano stringerò... Tutti cadrete...
       (alle guardie che eseguono, lasciando Ernani tra il volgo.)
Dal volgo si divida
Solo chi è conte o duca,
Prigion sia il volgo, ai nobili la scure.

---

47. "È tardi!... tutti in mia man qui siete...".

Ernani *(avanzandosi fieramente tra i nobili, e coprendosi il capo.)*
Decreta dunque, o re, morte a me pure.
    Io son conte, duca sono
        Di Segorbia, di Cardona...
        Don Giovanni d'Aragona
        Riconosca ognuno in me.[48]
    Or di patria e genitore
        Mi sperai vendicatore...
        Non t'uccisi... t'abbandono
        Questo capo... il tronca, o re.

Carlo
    Sì, cadrà... con altri appresso.

Elvira *(gettandosi ai piedi di Carlo.)*
        Ah, Signor, se t'è concesso
        Il maggiore d'ogni trono,
        Questa polvere negletta[49]
        Or confondi col perdono...
        Sia lo sprezzo tua vendetta
        Che il rimorso compirà.

Carlo
    Taci, o donna.

Elvira
           Ah no, non sia,
    Parlò il ciel per voce mia.
    Virtù augusta è la pietà. *(si alza.)*

---

48. Hugo: "Dio che i scettri dispensa, e che te'l diede, / duca mi fe' di Còrdova e Segòrbia, / di Montroy marchese, e d'Albaterra / conte; di Gor visconte, e in altri luoghi / signor, de' quali io non rammento il nome. Io son Giovanni d'Arragona, d'Avis / Gran Maestro" (IV, 6). Piave, con molta attenzione al testo francese che dice "duc de Segorbe et duc de Cardona", usa correttamente Segorbia e Cardona, e non l'errato Còrdova della traduzione italiana. Segorbe è una città poco a nord di Valencia nella regione omonima, e Cardona si trova a nord-ovest di Barcellona, in Catalogna.
49. La "polvere negletta" sono le ceneri di Carlo Magno.

Carlo *(concentrato, fissando la tomba di Carlo Magno.)*
   Oh sommo Carlo, – più del tuo nome
     Le tue virtudi – aver vogl'io,
     Sarò, lo giuro – a te ed a Dio,
     Delle tue gesta – emulator.[50]

               (dopo qualche pausa.)
   Perdono a tutti – (Mie brame ho dome.)
       (guidando Elvira tra le braccia di Ernani.)
     Sposi voi siate, – v'amate ognor.
     A Carlo Magno – sia gloria e onor.[51]

Tutti[52]
   Sia lode eterna, – Carlo, al tuo nome.
     Tu, re clemente, – somigli a Dio,
     Perché l'offesa – copri d'oblio,
     Perché perdoni – agli offensor.
   Il lauro augusto, – sulle tue chiome
     Acquista insolito, – divin fulgor.
     A Carlo Quinto – sia gloria e onor.

Silva[53]
   (Oh mie speranze – vinte non dome,
     Tutte appagarvi – saprò ben io,
     Per la vendetta, – per l'odio mio
     Avrà sol vita – in seno il cor.
   Canute gli anni – mi fer le chiome;
     Ma inestinguibile – è il mio livor...
     Vendetta gridami – l'offeso onor.)

50. "Imitator".
51. "Sia gloria ed onor". All'ultima ripetizione, il verso diventa: "A Carlo Magno – gloria e onor".
52. Il coro e tutti i presenti, ad eccezione di Carlo e Silva, cominciano con l'ultimo verso, "A Carlo Quinto – sia gloria ed onor". All'ultima ripetizione il verso diventa "A Carlo Quinto – gloria e onor".
53. Silva comincia con l'ultimo verso, "Vendetta gridami – l'offeso onor". All'ultima ripetizione il verso diventa "Vendetta grida – l'offeso onor".

Parte quarta

La Maschera

Terrazzo nel palagio di D. Giovanni d'Aragona in Saragozza.
A destra ed a manca sonvi porte che mettono a varii appartamenti;
il fondo è chiuso da cancelli,
attraverso i quali vedonsi i giardini del palazzo illuminato,
e parte di Saragozza.
Nel fondo, a destra dello spettatore,
avvi una grande scalea che va nei giardini.
Da una sala a sinistra di chi guarda
odesi la lieta musica delle danze.

Scena prima

[Festa da Ballo]

Gentiluomini, Dame, Maschere, Paggi ed Ancelle
vanno e vengono gaiamente tra lor discorrendo.[1]

Tutti
Oh come felici – gioiscon gli sposi![2]
Saranno quai fiori – cresciuti a uno stel.
Cessò la bufera – de'[3] dì procellosi;
Sorrider sovr'essi – vorrà sempre il ciel.

---

1. Fra i discorsi degli invitati, che in Hugo sono spesso maliziosamente allusivi, Riccardo se ne esce con questo straordinario riassunto della vicenda fin qui svolta: "Udite / come avvenia la cosa. Tre galanti, / un bandito al patibol sottratto, / un duca, e un re, per la medesima donna / eran presi d'amor; diero l'assalto, / ma il vincitor chi fu? Lo fu il bandito" (V, 1).
2. Hugo: "*Garzia*: Qual gioia o amici miei! viva la sposa!" (V, 1).
3. "Dei".

Scena seconda

Comparisce una **Maschera** *tutta chiusa in nero dominò,*
che guarda impaziente d'intorno,
come chi cerca con premura alcuno.

Coro I.

Chi è costui che qui s'aggira,
Vagolando in nero ammanto?

Coro II.

Sembra spettro, che un incanto
Dalle tombe rivocò.[4]

Coro I. *(attorniando la Maschera.)*
Par celare a stento l'ira.

Coro II.

Ha per occhi brage ardenti...[5]

Tutti

Vada..., fugga dai contenti,
Che il suo aspetto funestò.

(La Maschera, dopo qualche atto di minacciosa collera,
s'invola alla comune curiosità, scendendo ne' giardini.)

---

4. Hugo: "*Garzia*: Scorgeste voi [...] quello spettro che là stassi appoggiato / a quella balaustrata, e col suo cupo / aspetto, cerca disturbar tal festa?" (V, 1).
5. Hugo: "*Garzia*: Sulla mia fe', brillare / negli occhi suoi vidi un'ardente fiamma! [...] *Mattia*: Ha due pupille fiammeggianti!" (V, 1).

Scena terza

Sopraggiungono altre **Maschere** *dalla sala del ballo.*

Tutti

Sol gaudio, sol festa – qui tutto risuoni,
Palesi ogni labbro – la gioia del cor.
Qui solo di nozze – il canto s'intuoni...[6]
Un nume fe' paghe – le brame d'amor.

(tutti partono, la musica delle danze tace;
si spengono le faci, e tutto resta in profondo silenzio.)

---

6. Questo verso e il seguente non sono musicati.

Scena quarta

[Scena e Terzetto Finale]

Ernani ed *Elvira* vengono dalla sala del ballo,
avviandosi alla destra dello spettatore,
ov'è la stanza nuziale.

Ernani
Cessaro i suoni, disparì ogni face,[7]
Di silenzii e mistero amor si piace...
Ve' come gli astri stessi,[8] Elvira mia,
Sorrider sembrano al felice imene...

Elvira
Così brillar vedeali
Di Silva dal castello... allor che mesta
Io ti attendeva...[9] e all'impaziente core
Secoli eterni rassembravan l'ore...
Or meco alfin sei tu...

Ernani
                        E per sempre.

Elvira
                                    Oh gioia!

Ernani
Sì, sì, per sempre tuo...

Elvira ed **Ernani**
Fino al sospiro estremo
Un solo core avremo.

(S'ode un lontano suono di corno.)

7. Hugo: "Già tutte spente son le faci, e muti / i musicali accordi" (V, 3).
8. "Istessi".
9. "Attendea".

Ernani
(Maledizion di Dio!!)

Elvira
Il riso del tuo volto fa ch'io veda.

(S'ode altro suono.)[10]

Ernani
(Ah! la tigre domanda la sua preda!!)[11]

Elvira[12]
Cielo!... che hai tu?...[13] che affanni!...[14]

Ernani
Non vedi, Elvira, un infernal sogghigno,
Che me, tra l'ombre, corruscante irride?...[15]
È il vecchio!... il vecchio!... mira!...

Elvira
Oimè!... smarrisci i sensi!...[16]

(I suoni ingagliardiscono appressandosi.)

Ernani
(Egli mi vuole!) Ascolta, o dolce Elvira...
Solo ora m'ange una ferita antica...[17]
Va tosto per un farmaco, o diletta...

---

10. Didascalia che precisa "più vicino".
11. Hugo: "Ah! lo spietato / tigre, è laggiù che la sua preda cerca!" (V, 3).
12. Didascalia: "spaventata".
13. Hugo: "Che hai tu mio sposo?" (V, 3).
14. Piave intende "che" pronome e "affanni!" verbo; Verdi musica "che affanno?", e intende "che" aggettivo e "affanno?" sostantivo.
15. "Che a me, tra l'ombre, corruscando irride?...". Hugo: "Non lo vedi il vecchio? / Là... fra le ténebre che ride!" (V, 3).
16. Hugo: "Oh cielo! / Vaneggi tu!" (V, 3).
17. Hugo: "Sì; un'antica ferita ch'io credeva / rimarginata... or s'è di nuovo aperta..." (V, 3).

Elvira
Ma tu... signore!...

Ernani

Se m'ami, va, t'affretta.

(Elvira entra nelle stanze nuziali.)

Scena quinta

Ernani.

Ernani
Tutto ora tace intorno,[18]
Forse fu vana illusion la mia!...[19]
Il cor non uso ad essere beato
Sognò forse le angoscie del passato.
Andiam...   *(va per seguire Elvira.)*

18. "D'intorno".
19. Hugo: "E se io mi fossi / ingannato... se mai..." (V, 4).

Scena sesta

Detto e Silva *mascherato.*

Silva *(fermandosi a capo della scala)*
T'arresta.

Ernani
(È desso!
Viene il mirto a cangiarmi col cipresso!!)[20]

Silva[21]
Ecco il pegno: nel momento,
In che Ernani vorrai spento,
Se uno squillo intenderà
Tosto Ernani morirà.

(appressandosegli e smascherandosi.)
Sarai tu mentitor?

Ernani
Ascolta un detto ancor...
Solingo, errante, misero,[22]
Fin da prim'anni miei,
D'affanni amaro un calice
Tutto ingoiar dovei.
Ora che alfine arridere
Mi veggo[23] il ciel sereno,
Lascia ch'io libi almeno
La tazza dell'amor.

---

20. Il mirto, pianta sacra a Venere, è simbolo dell'amore; il cipresso, tradizional-
mente associato ai cimiteri, è simbolo di morte.
21. Didascalia: "mostrandogli il corno".
22. "Solingo, errante e misero".
23. Verdi scrive "vegga", cioè: ora che finalmente il cielo sereno mi *vegga* sorridere.
Ma è più chiara la dizione del libretto: ora che finalmente *veggo* il cielo sereno
sorridere a me.

Silva *(fieramente presentandogli un pugnale ed un veleno.)*
Ecco la tazza... scegliere;
Ma tosto,... io ti concedo.

Ernani
Gran Dio!...

Silva
Se tardi od esiti...

Ernani
Ferro e velen qui vedo!...
Duca... rifugge l'anima...

Silva
Dov'è l'ispano onore,
Spergiuro, mentitore?...

Ernani
Ebben... porgi... morrò.

(prende il pugnale.)

Scena ultima

Detti ed Elvira *dalle stanze nuziali.*

Elvira[24] *(ad Ernani)*

Ferma, crudele, estinguere
Perché vuoi tu due vite?...
Quale d'Averno demone *(a Silva)*
Ha tali trame ordite?
Presso al sepolcro mediti,
Compisci tal vendetta!...
La morte che t'aspetta,
O vecchio, affretterò.[25]

(va per iscagliarsegli contro, poi s'arresta.)

Ma, che diss'io?... perdonami...
L'angoscia in me parlò.[26]

Silva

È vano, o donna, il piangere...
È vano... io non perdono.

Ernani

(La furia è inesorabile.)

---

24. In partitura le didascalie sono più precise. Dapprima Elvira esclama: "improvvisamente" e rivolgendosi a entrambi: "Ferma!"; poi, "ad Ernani", i primi due versi, indi "a Silva" i seguenti.
25. Le didascalie della partitura precisano che la battuta "la morte che t'aspetta, / o vecchio, affretterò", Elvira la pronuncia "avventandosi contro Silva"; indi, "rimettendosi", cioè ricomponendosi, esclama: "Ah!", per finire "piangendo" gli ultimi due versi "Ma, che diss'io?..." ecc.
26. Hugo: "Vedi tu questo / pugnal! non temi, no, vecchio insensato / ch'ei ti colpisca! – Or ben te'n guarda, o Duca, / son di tua stirpe!... Ascoltami; foss'io / anche tua figlia, guai per te! s'ardisci / toccar lo sposo mio! (*getta il pugnale a terra, e cade genuflessa ai piedi di Silva*) Pietà signore, / io cado a' piedi tuoi! Deh! ci perdona! / Io sono donna, e debol donna! Ahi lassa! / Io delirai! colpevol sono!" (V, 6).

Elvira *(a Silva)*

    Figlia d'un Silva io sono.
    Io l'amo... indissolubile
    Nodo mi stringe a lui...

Silva[27]

    L'ami?... morrà costui,
    Per tale amor morrà.

Elvira

    Per queste amare lacrime[28]
    Di lui, di me pietà.

Ernani

    Quel pianto, Elvira, ascondimi...
    Ho d'uopo di costanza...
    L'affanno di quest'anima
    Ogni dolore avanza...
    Un giuramento orribile
    Ora mi danna a morte.
    Fu scherno della sorte
    La mia felicità.
    Non ebbe di noi miseri,
    Non ebbe il ciel pietà![29]

Silva *(appressandosegli minaccioso)*
    Se uno squillo intenderà
    Tosto Ernani morirà.

---

27. Didascalia: "con feroce ironia".
28. "Lagrime".
29. Questi due ultimi versi sono cantati anche da Elvira. In un primo tempo, Verdi musicò un testo diverso: "È questa per noi miseri / del cielo la pietà!". Poi corresse, e adottò la versione che si legge sul libretto, probabilmente su indicazione della censura, che non poteva ammettere un sarcastico commento alla divinità.

Ernani

Intendo... intendo... compiasi
Il mio destin fatale.

(si pianta il pugnale nel seno.)[30]

Elvira

Che mai facesti, o misero?[31]
Ch'io mora!... a me il pugnale...

Silva

No, sciagurata... arrestati,
Il delirar non vale...

Ernani

Elvira!... Elvira!...

Elvira

Attendimi...
Sol te seguir desio...

Ernani

Vivi... d'amarmi e vivere,
Cara... t'impongo... addio.[32]

---

30. Nel dramma c'è un eccidio generale: la prima a prendere il veleno è Elvira, poi Ernani la imita, e quando i due sposi sono morti Silva, in preda a tardivo pentimento, si pugnala.
31. "Che mai facesti, ahi misero!".
32. Il tema della redenzione, tanto caro a Verdi, è in qualche modo suggerito dal dramma – malgrado l'eccidio generale –, quando Donna Sol morente dice, abbracciando Ernani: "Verso alle sfere / voleremo noi tosto... sì, mio amico, / verso un mondo miglior,... con volo eguale / noi partiremo! – Un bacio solo! un bacio!" (V, 6).

Elvira ed **Ernani**

> Per noi d'amore il talamo
> Di morte fu l'altar.[33]

(Ernani spira ed Elvira sviene.)[34]

Silva

> (Delle vendette il demone
> Qui venga ad esultar!)

---

33. Hugo: "*Donna Sol*: La nostra / nuziale notte or incomincia... – Troppo / pallida io son per essere una sposa!" (V, 6).

34. Questa didascalia si trova al posto esatto: non appena Ernani muore ed Elvira sviene, Silva trionfa. Ma nella musica i due versi di Elvira ed Ernani sono contemporanei a quelli di Silva; inoltre, ci sono alcune parole aggiunte: "*Ernani*: Elvira... Elvira... addio... *Elvira*: Attendimi. *Silva*: ...qui venga!". Solo a questo punto, in partitura, si trova la didascalia "Ernani spira ed Elvira sviene". In un primo tempo Verdi aveva utilizzato per Silva parole diverse: "Tardi, o rimorso, l'anima / mi giungi a lacerar. / È tardi". Silva cioè si pentiva, sulla falsariga del dramma: "Ah! che un dannato io sono!" (V, 6). In seguito venne adottata la versione stampata sul libretto, che restituisce a Silva in tutta la sua pienezza il ruolo di spietato vendicatore.

Collana di libretti d'opera
a cura di Eduardo Rescigno

Vincenzo Bellini
I Capuleti e i Montecchi (138582)
Norma (133767)
I Puritani (136565)
La Sonnambula (135181)

Gaetano Donizetti
Anna Bolena (138327)
Don Pasquale (136993)
L'Elisir d'amore (135440)
Lucia di Lammermoor (134568)
Lucrezia Borgia (138090)
Maria Stuarda (134966)

Wolfgang Amadeus Mozart
Don Giovanni (136370)

Amilcare Ponchielli
La Gioconda (138251)

Giacomo Puccini
Madama Butterfly (134616)
Manon Lescaut (138204)
Tosca (133957)

"Il Trittico" (137641)
Turandot (137938)

Gioachino Rossini
Il Barbiere di Siviglia (134612)
La Cenerentola (138576)
L'Italiana in Algeri (134685)
Il turco in Italia (137355)

Giuseppe Verdi
Aida (133768)
Un ballo in maschera (138540)
Ernani (135231)
Falstaff (135600)
La forza del destino (138005)
Luisa Miller (138672)
Macbeth (138511)
Nabucco (134286)
Otello (138067)
Rigoletto (134686)
La Traviata (136137)
Il trovatore (137531)
Simon Boccanegra (137794)

INGRAF s.r.l. - Via Monte S. Genesio 7 - Milano
Stampato in Italia - Printed in Italy - Imprimé en Italie 2000